Brigitte Stahl · Plötzlich Mobbingopfer

AF208454

BRIGITTE STAHL

PLÖTZLICH
MOBBINGOPFER

UND SEELISCH AM ABGRUND

Bibliografische Information der Deutschen Nationalbibliothek:
Die Deutsche Nationalbibliothek verzeichnet diese Publikation
in der Deutschen Nationalbibliografie; detaillierte bibliografische
Daten sind im Internet über < http://dnb.d-nb.de > abrufbar.

© 2009 Brigitte Stahl
Satz und Layout: Buch&media GmbH, München
Umschlaggestaltung: Kay Fretwurst, Spreeau
Herstellung und Verlag: Books on Demand GmbH, Norderstedt
Printed in Germany
ISBN 978-3-8370-5280-0

JEDE WAHRHEIT BRAUCHT
EINEN MUTIGEN,
DER SIE AUSSPRICHT.

Nach dreijähriger Arbeitslosigkeit brachte mich eine Bekannte als Kassiererin in einer Filiale der Firma Gral GmbH, einem Selbstbedienungs-Warenhaus in Nürnberg, unter. Sie war so begeistert von ihrem Job, dass ich mich davon anstecken ließ. Sie hatte mir vorsorglich schon ein Personalformular mitgebracht, ich füllte es aus und sie gab es für mich im Büro ab. Man werde mit mir Kontakt aufnehmen, sagte sie mir.

Ein paar Tage später meldete sich Frau Tischler, die Teamleiterin aus dem Kassenbüro. Ich sollte zum Probearbeiten vorbeikommen und schauen, ob es mir gefällt. Ich arbeitete eine Stunde lang mit Frau Scheider, von der man erzählte, sie sei die schlechteste Kassiererin in der Kassenzone überhaupt, aber eine gute Freundin von Frau Tischler. Und weil es viel Spaß gemacht hatte, sagte ich zu.

Nach ein paar Tagen Einarbeitung machte mir der Umgang mit der Registrierkasse und mit den Kunden große Freude. Ich arbeitete gerne dort und bei den Abrechnungen nach Feierabend sah ich meine gute Leistung bestätigt. Da ich als Aushilfe eingestellt war, setzte man Flexibilität und jederzeitige Einsatzbereitschaft voraus, was mir nichts ausmachte. Endlich hatte ich wieder etwas zu tun.

Mein vorläufiger dreimonatiger Vertrag wurde noch einmal verlängert – logischerweise, da es auf Weihnachten zuging und jeder gebraucht wurde. Ich hoffte auf einen festen Vertrag, denn dass ich gut arbeitete, wurde mir von Frau Winner immer wieder beteuert. Sie hatte aber wohl nicht sehr viel zu sagen, sie war nur als Ersatz für die über längere Zeit erkrankte Frau Tischler da.

Die Teamleiterin Manger war da anderer Meinung. Als ich sie mal nach einem festen Vertrag fragte, meinte sie, sie hätte mehrere Probleme mit mir. Unter anderem wolle ich zu oft zum Rauchen und damit sei sie nicht einverstanden. Das konnte ich nicht nachvollziehen, denn es stimmte nicht. Schließlich wollte ich dort arbeiten und hätte nie etwas getan, was eine Anstellung verhindern würde. Das Gegenteil war der Fall: Wenn ich zu tun hatte, vergaß ich die Zigarette voll und ganz. Deshalb verstand ich ihre Aussage nicht. Heute weiß ich: Frau Manger erfindet viele Lügen und Geschichten.

Meine Bekannte hatte unterdessen nichts mehr zu lachen. Die Teamleiterin Manger hatte ihr versprochen, sie dürfe Kassenaufsicht werden, dann ihre Meinung aber geändert und eine Kollegin gleicher Nationalität wie sie selbst genommen. Meine Bekannte war darüber sehr aufgebracht und ging zu Herrn Lachs, dem Chef der Filiale, der ihr aber nicht weiterhalf. Ich erfuhr später, dass er sich voll und ganz auf die Teamleiterinnen und Teamleiter der Filiale verlässt. Also ist man denen total ausgeliefert.

Daraufhin hatte es meine Bekannte sehr schwer. Nicht einmal der Anfang des Jahres gewünschte und genehmigte Urlaub im August wurde ihr gewährt, sie musste ihn verschieben, obwohl schon eine Reise gebucht war. Sie suchte eine Kollegin, die mit ihr tauschen würde, es fand sich jedoch niemand. Ich konnte ihr nicht helfen, denn ich war nur Aushilfe und hatte andere Stunden. Auch in dieser Auseinandersetzung standen ihr weder der Chef noch der Betriebsrat, Herr Fröhlich, zur Seite.

Ein paar Wochen später, als ich zur Arbeit kam, sagte meine Bekannte: »Ich werde kündigen!« Sie habe schon Magengeschwüre und werde ihrer Gesundheit nicht länger schaden lassen.

»Überleg es dir gut«, erwiderte ich, »die Zeiten haben sich geändert. Kündigen, ohne etwas anderes in Aussicht zu haben, sollte gut durchdacht sein.«

»Meine Gesundheit geht vor«, meinte sie. »Es tut mir nun leid, dass ich dich hierher vermittelt habe.«

Vielleicht vermutete sie, dass ich auch Probleme bekommen könnte. Ich hatte ja keine Ahnung, was alles noch kommen würde.

Viel später erfuhr ich von der Kollegin Füller, es habe keiner mit meiner Bekannten den Urlaub tauschen dürfen. Freimütig bekannte sie, dass sie selbst beim Mobbing mitgemacht habe, denn sie hätte sie nicht ausstehen können. Daraufhin erzählte ich ihr dann, dass ich dieser Frau viel zu verdanken habe, weil sie mich in diese Firma gebracht hat. Frau Füller bekam einen roten Kopf und war sehr erschrocken.

Im Laufe der Zeit fiel mir auf, dass diese Kollegin rauchen durfte, wann immer sie wollte, ohne ausstempeln zu müssen. Sie hatte auch Geld mit an der Kasse, obwohl das verboten war, und durfte ihre Kasse jederzeit verlassen, wenn sie abgelöst werden wollte. Sie hatte viele Vorteile, die den anderen nicht zugestanden wurden und nutzte das auch gnadenlos aus. Ich merkte erst mit der Zeit, weshalb das so war und was es zu bedeuten hatte.

An einem Wochenende sah ich auf dem Altstadtfest spät abends eine Kollegin. Sie war auf einmal sehr schnell verschwunden und ich wunderte mich darüber. Obwohl sie mich doch gesehen haben musste, sagte sie nicht einmal »Hallo«. Am nächsten Tag nach der Arbeit erzählte mir Frau Füller auf dem Weg zum Bus, dass diese Kollegin sich gemeldet hätte, um irgendwo anders auszuhelfen. »Und dann meldet sie sich krank, das ist doch unverschämt, oder?«, sagte sie.

In einer anderen Stadt auszuhelfen war sehr beliebt und wurde gut bezahlt. Ich wurde nie gefragt. Ich erwähnte, dass ich die Kollegin gesehen hatte. Frau Füller meldete das sofort im Kassenbüro bei Frau Manger, behauptete dort allerdings, sie selbst hätte die Mitarbeiterin im Café gesehen. Mir erklärte sie, die Kollegin würde sonst nicht bestraft werden. »Das will ich aber unbedingt, denn ich kann sie nicht leiden«, sagte sie zu mir.

Ich wunderte mich, machte mir aber weiter keine Gedanken darüber. Es war mir egal. Ich wollte einfach nur arbeiten und keinen Stress mit irgendjemandem.

Nach ein paar Tagen kam diese Kollegin zu mir und fragte, wieso ich lügen und bei Frau Manger behaupten würde, ich hätte sie im Café gesehen? Da war ich baff. Wie kam das auf mich zurück? Und dazu stand ich noch als Lügnerin da. Ich erklärte: »Ich habe Sie nicht im Kassenbüro gemeldet und würde so etwas auch nicht tun.« Ich nannte ihr Frau Füller als Schuldige, denn diese stempelte mich zur Lügnerin, nur weil sie damit etwas durchsetzen wollte, und das machte mich nun doch sehr sauer.

Da diese Kollegin immer sagte: »Sehen und gesehen werden ist alles!«, wurde sie zur Strafe ganz hinten in der Kassenzeile eingesetzt, wo sie noch dazu mit dem Rücken zu den Kunden saß. Als sie mich dann im Kassenbüro erwähnte, wurde ich gerufen und musste erzählen, was ich gesehen hatte. Die Strafe wurde daraufhin tatsächlich sofort aufgehoben und die Kollegin durfte wieder vorne in der Nähe des Eingangs arbeiten.

Von da an war ich vorsichtiger mit dem, was ich Frau

Füller erzählte. Ich habe dann erfahren, dass diese mal sehr gut mit der Teamleiterin Manger befreundet war, weshalb sie immer mehr wusste als alle anderen. Von der Kollegin Füller gibt es im Laufe meiner Geschichte noch einiges, worüber man sich wundern muss. Einmal hatte sie mich und eine Kollegin zu sich nach Hause eingeladen und stellte uns ihrem Sohn als Lieblingskolleginnen vor, worauf der sagte: »Wie lange wohl?«

Sie fuhr ihn an: »Ich gebe dir gleich ...«

Heute muss ich oft an diese Worte ihres Sohnes denken. Wie es scheint, kannte er seine Mutter sehr gut.

Ich arbeitete weiterhin gut und sorgfältig, war auch jederzeit einsatzbereit, denn ich wollte diesen Job behalten. In gewisser Weise war ich auch darauf angewiesen.

Dann wurde mein Vertrag noch einmal für drei Monate verlängert. Lange habe ich überlegt, ob dies eine Taktik der Hauptgeschäftsleitung war. Natürlich möchte ich hier nichts unterstellen, aber sie unterstützte Maßnahmen wie die, die mir widerfahren sind, indem sie durch vorgegebene Umsatzzahlen Druck aufbaute. Wenn der Umsatz nicht erreichbar ist, muss man sich anderweitig helfen, nämlich durch Entlassung von Personal. Hat man keinen Grund für eine Entlassung, so sucht man halt einen, und dabei hilft ein Gerichtsurteil, über das man sich nur wundern kann: Wer nämlich seine Unterschrift auf einen Aufhebungsvertrag setzt, hat keine Chance, diesen später anzufechten, egal wie er zustande gekommen ist. Das wissen leider die wenigsten. Sie unterschreiben im guten Glauben, sich anschließend dagegen wehren zu können, und stellen dann fest, dass nichts mehr geht. Ich stelle mir schon lange die Frage, warum so etwas nicht publik gemacht wird, damit die Mitarbeiter sich selbst besser schützen können.

Es gibt auch Geschäftsleiter, die diese Unwissenheit der Mitarbeiter ausnutzen. Eine Möglichkeit, die Mitarbeiter zu schützen, bestünde in der Vorschrift, dass Diebstahl zur Anzeige gebracht werden *muss*, unabhängig von einer Unterschrift auf einen Aufhebungsvertrag, damit auch *Schwächere* eine Chance haben. Es muss die Möglichkeit geben, beide Seiten zu hören. Ich bin der Meinung, die angebliche Zahl der Diebstähle durch Mitarbeiter würde rapide sinken. Denn wie oft wird Diebstahl als Entlassungsgrund vorgeschoben! Die Bezirksbetriebsrätin Oppt, heute Gesamtschwerbehindertenvertrauensperson, hatte zu mir am Telefon gesagt, Diebstahl durch Mitarbeiter nehme überhand, da müsse hart durchgegriffen werden, denn es würde immer mehr geklaut. Da wusste ich von diesem Gerichtsurteil noch nichts. Heute sehe ich ihre Aussage anders und ich habe die Dame mittlerweile auch besser kennengelernt.

Ein Beispiel von mehreren sei ohne Namen kurz erwähnt: Einer Kollegin wurde der Aufhebungsvertrag vorgelegt, wegen angeblichen Diebstahls. Sie hatte eingekauft und ihre Einkaufstüten an der Informationstheke abgestellt. Während sie zur Stempeluhr und Toilette ging, muss ihr jemand unbezahlte Ware in die Einkaufstüten gesteckt haben. Sie machte sich dann auf den Weg und stoppte noch bei einer Kollegin im Zelt nebenan, in dem Gartenmöbel verkauft wurden. Die beiden rauchten eine Zigarette zusammen, als der Detektiv auftauchte und sie bat, mitzukommen. Als dann ihre Einkaufstaschen geleert wurden, war sie schockiert. Wie konnte sie ihre Unschuld beweisen? Aber hätte sie geklaut, wäre sie doch ohne Verzögerung mit ihren Taschen schleunigst verschwunden, oder? Es wurde ihr mit Anzeige gedroht, außer sie würde den Aufhebungsvertrag unterschreiben. Sie wurde ihren eigenen Worten zufolge richtiggehend fertiggemacht, mit fragwürdiger Wortwahl und in unmöglicher Lautstärke. Auch durfte sie das Büro nicht verlassen, bis der Aufhebungsvertrag unterschrieben war. Man wollte auf jeden Fall diese Unterschrift. Sie hätte auch ihr »Todesurteil« unterschrieben, nur um aus diesem Büro zu kommen, erzählte mir die Kollegin später am Telefon.

Wer meine Geschichte hier liest – und ich hoffe, es werden recht viele sein –, wird verstehen, was ich meine, und vielleicht auch dankbar sein, dass sich endlich jemand traut und diese Geschehnisse öffentlich macht. Und das kann ich nach meinen Erlebnissen in dieser Filiale der Firma Gral GmbH SB-Warenhaus mit meinem Gewissen sehr gut vereinbaren.

Ich habe ein Buch gelesen, in dem wird behauptet, Mobbingopfer würden sich mit Diebstahl revanchieren. Es ist ein gutes Buch, geschrieben von dem englischen Professor Robert I. Sutton, auf Deutsch heißt es »Der Arschloch-Faktor«. Keine Frage, der Autor hat Intriganten und Charaktere, welche die Firmenkultur ruinieren, gut erkannt und beschrieben. Nur mit dieser einen Aussage stimme ich nicht überein. Ich kann nur wiederholen: Man sollte über dieses Gerichtsurteil nachdenken, dann wird man feststellen, wie einfach es ist, ehrliche und gute Mitarbeiter loszuwerden.

Ich stehe jederzeit voll und ganz hinter meinem Geschriebenen. Denn es ist mir sehr wichtig, dass diese unmenschlichen Praktiken endlich ans Licht kommen und auch die Politiker anfangen, über ein Gesetz nachzudenken, das meine Mitmenschen und später auch meine Kinder besser schützt. Ich möchte vermeiden, dass sie vielleicht auch an solche Menschen, von denen es viele gibt, geraten und sich genauso seelisch kaputt machen lassen wie ich, nur weil sie arbeiten müssen. Durch ein solches Gesetz würden viele Arbeitsplätze erhalten und die Zahl der älteren Menschen, die so wie ich im Moment schwer zu vermitteln sind, wäre niemals so hoch.

Es ist der blanke Wahnsinn, was einem passieren kann, nur weil man arbeiten will und muss. Könnten die Krankenkassen ihre Ausgaben von den Firmen, die ihre Mitarbeiter krank machen, zurückfordern, dann hätten sie viel mehr Geld zur Verfügung. Und die Firmen würden besser aufklären und überlegen, ob sie solche Mobbingmethoden weiterhin zulassen. Ich hatte ja selbst schon zwei teuflische Gespräche mit dem neuen Geschäftsleiter Spierl, deshalb kenne ich »sein« – oder besser gesagt »kein« – Benehmen.

Jedes Mal, wenn jemand entlassen wurde, während ich im Krankenstand war, haben mich Kolleginnen angerufen. Mich interessierten diese verschiedenen Geschichten brennend, denn zu dieser Zeit war mir meine Situation schon klarer geworden und ich wollte alles für mein Tagebuch sammeln. Auch dieses Buch zu schreiben hatte ich schon im Kopf. Man stellt sich doch die Frage, warum verschiedene Geschichten in Umlauf gebracht wurden, wenn es sich wirklich um Diebstahl handelte? Auffallend ist auch, dass es überwiegend die älteren Mitarbeiter, die schon lange da waren, oder die Mitarbeiter mit einem gelernten Beruf erwischte – wahrscheinlich waren diese zu teuer. Auf einem Flyer von der Gewerkschaft ist zu lesen, dass diese Firma an den Kassen nur noch junge Mitarbeiterinnen einsetzen und diese ungefähr alle zwei Jahre austauschen will. Das wurde von der Firma Gral GmbH abgestritten. Wenn so etwas bekannt wird, warum tut man nichts dagegen?

Eine Kollegin sagte einmal zu mir, sie habe recherchiert, dass seit ihrer Anstellung vor ungefähr fünf Jahren nur noch Ausländerinnen, hauptsächlich Russinnen, beschäftigt wurden. Es ist bekannt, das diese Arbeitskräfte weniger Geld kosten. Damit waren aber leider die Kunden sehr unzufrieden. Sie suchten regelrecht nach deutsch sprechenden Ansprechpartnern an der Kasse und wurden dann auch immer weniger. Das Arbeitsklima wirkt sich schließlich auch auf die Kunden aus.

Ich hatte meine Stammkunden, was allem Anschein nach im Kassenbüro nicht sonderlich gefiel. Während ich krank war, fragten sie öfter nach mir. Sie bekamen immer zur Antwort, es gehe mir gut und man stünde mit mir in Kontakt. Doch sie glaubten das nicht, denn weshalb war ich so lange krank, wenn es mir angeblich gut ging?

Ich habe nichts gegen Ausländer, überhaupt nicht, sie können ja nichts dafür, dass sie bei uns als billige Arbeitskräfte bevorzugt werden. Aber die Probleme, die ich wegen Ausländern schon hatte, lassen mich dann doch überlegen, was man als Deutscher eigentlich wert ist.

Meinem damals kleinen Sohn stand ein Kindergartenplatz zu, weil ich als Alleinerziehende mit sechs Kindern bevorzugt berücksichtigt würde, wie man mir beteuerte. Doch er wurde uns verwehrt, weil der Kindergarten prozentual mit Ausländerkindern besetzt werden musste. Deshalb gab es keinen Platz für meinen Sohn.

Meine Schwiegereltern informierten mich, dass in ihrer Ortschaft neue Sozialwohnungen gebaut würden. Ich solle mich für eine Wohnung bewerben und sie würden auf meine Kinder aufpassen, damit ich arbeiten konnte. Das hörte sich gut an, aber dann geschah genau dasselbe wie mit dem Kindergartenplatz: Es wurden wieder Ausländer vorgezogen.

Jetzt verliere ich meinen Arbeitsplatz, weil Ausländerinnen billiger arbeiten und der Geschäftsleiter spart, wo er nur kann, mit dem Einverständnis des Betriebsrates. Man sollte wirklich ernsthaft darüber nachdenken, ob damit nicht der Ausländerhass geschürt und die entsprechenden Parteien gestärkt werden!

Vielleicht nutzen meine hier formulierten Gedanken als Hinweise, denn ich stehe mittendrin und habe entsprechend mehr Kenntnis und Erfahrung als einer, der nie in solche Situationen kommen wird. Mit diesem Buch möchte ich die erlebten Missstände anprangern, um die Lage für uns Normalbürger zu verbessern. Zumindest soll es ein Anstoß sein, darüber nachzudenken. Der liebe Gott hat eine große Fülle von allem und für alle bereitgestellt und so wie es jetzt ist, kann er nicht zufrieden sein. Vielleicht haben wir deshalb die große Krise? Ich glaube daran. Ich bin trotzdem nicht ausländerfeindlich eingestellt, aber viele denken anders darüber.

Ich habe meine Kinder dazu angehalten, einen Beruf zu erlernen. Doch wenn heute jede Firma spart, nutzt es dann überhaupt etwas, eine Fachkraft zu sein? Meine Kinder hatten diesbezüglich bis jetzt mehr Glück als ich und ich wünsche mir, dass es für sie so bleibt. Meine sechs Kinder sind wunderbar und haben sich, obwohl ich alleinerziehend bin und gegen alle Vorurteile, prächtig entwickelt.

Die Ausländerinnen sollten genauso viel Geld verdienen wie die deutschen Fachkräfte, denn dann wäre es den Geschäftsführenden egal, wer arbeitet. Dann gäbe es gleiche Chancen für alle. Hierüber eine Statistik würde auch nicht schaden.

Als Kassenkraft ist man am Kassenplatz »gefangen« und kann nicht einfach weg, falls man mal raus muss. Man muss die Aufsicht rufen und das kann dauern – je nachdem, wer Aufsicht macht und wie der- oder diejenige mit der rufenden Person zurechtkommt. Mögen oder nicht mögen, das ist hier die große Frage, das habe ich immer wieder festgestellt. Wegen der Sache mit meiner Bekannten war ich schon etwas aufgeklärt und konnte mich entsprechend verhalten. Doch es gibt absolut keine richtige Regel, wenn man unerwünscht ist. Da kann einfach jedes Verhalten falsch sein.

Die Möglichkeiten für Machtspiele sind vielfältig. Dazu gehören Aussagen wie: »Wenn dir was nicht passt, kannst du ja gehen!« Oder man wird sehr häufig samstags eingesetzt, oft auch noch in der Spätschicht, die niemand gerne macht. Man darf auch bei wenig Betrieb nicht früher nach Hause. Man kann sehr spät in die Pause – oder gar nicht. Oder es dauert bis zu einer Stunde oder länger, bis man zur Toilette kann. Andere Kolleginnen dürfen früher Pause machen, obwohl sie später gekommen sind. Einige dürfen zum Rauchen raus, andere nicht. Die einen müssen zum Rauchen stempeln, die anderen nicht. Der Arbeitsplan wird geändert, ohne dass man Bescheid bekommt, und dann wird geschimpft, wenn man nicht pünktlich ist. Man wird auch nach Ende der Schicht nicht an der Kasse abgelöst. Wenn man jemanden ärgern will, dann wird derjenige eben für fünf Stunden ohne Pause eingeteilt. Das ist eine lange Zeit, und wenn man Raucher ist, fällt das besonders schwer.

Eine »Bestrafung« zum Beispiel, die ich erlebte, war der Einsatz an der Schnellkasse für neun Stunden in zwei Tagen. Das ist nicht erlaubt, aber wo soll man sich beschweren, um Hilfe zu bekommen? Von zwölf

Arbeitsstunden neun an dieser Kasse mit teilweise bis zu eintausend Kunden zu verbringen, ist verrückt. Ich erklärte, ich könne nicht garantieren, dass meine Geldabrechnung stimmen wird, aber das schien niemanden zu interessieren. Manche Kolleginnen witzelten: »Was hast du angestellt? Muss ja schlimm gewesen sein.«

Die Kollegin Füller erzählte mir später, sie habe mich zur Pause ablösen wollen. Aber ihr wurde gesagt, das gehe jetzt nicht, obwohl es natürlich gegangen wäre. Mein Geld stimmte trotzdem. Danke an meine Schutzengel, die mich hier immer gut beschützten!

Der Chef erfährt vieles, leider aber nie die wirklichen Gründe und die ganze Wahrheit. Dass man zu spät kam, aber nicht wieso und wer Schuld daran hat.

Einmal wurde an meinem freien Tag der Plan geändert, so dass ich es gar nicht wissen konnte. Ich sollte eine Stunde früher anfangen. Ich saß noch mit Kolleginnen im Restaurant, als die Aufsicht kam und tobte: »Was fällt Ihnen ein? Sie müssten schon längst an der Kasse sein und arbeiten, stattdessen sitzen Sie hier gemütlich beim Qualmen!«

Ich war verdutzt und überrascht. Es gab ein Riesengeschrei, bis ich zu Wort kam und meinen freien Tag erwähnen konnte. Gleich am nächsten Tag erlebte ich dasselbe Theater wieder – als ob es extra gemacht würde. Der Betriebsrat Fröhlich, der zuerst sauer auf mich war, bis ich auch ihm die Sachlage erklären konnte, meldete es dann beim Chef, dem Herrn Lachs. Nun mussten rechtzeitig Notizen an den Tresor des jeweiligen Faches geklebt werden, wenn es Änderungen gab. Diese Fächer dienten zum Einschließen des Geldbeutels, während man an der Kasse arbeitete, und in der Pause konnte man dann den Geldschub einschließen. Geld an der Kasse zu haben war verboten. Das alles brachte mir keine Pluspunkte im Kassenbüro.

Es gab noch eine Begebenheit, die eigentlich zum Schmunzeln einlädt, wenn sie nicht so traurig wäre. Der Onkel einer Kollegin war verstorben und sie wollte ihren freien Tag nehmen, um zur Beerdigung zu fahren. Das wurde ihr verwehrt mit der Begründung, es sei zu spät, das hätte sie früher sagen müssen, denn der Plan sei gemacht und müsse so eingehalten werden. Diese Begründung macht das Verhalten der Kassenleitung den Mitarbeitern gegenüber klar.

Ich habe auch erlebt, dass man mich wegen notwendiger Stornierungen so extrem anschnauzte, dass sich die Kunden danach bei mir entschuldigten, obwohl keiner von uns die Schuld hatte. Es waren Preisauszeichnungsfehler aus den Abteilungen. Diese täglichen Machtspiele und Angriffe strapazierten meine Nerven und machten mir irgendwann auch seelisch zu schaffen.

Ab 2001 war ich Mitglied der Gewerkschaft, denn ich wollte mich sicherer fühlen und hoffte im Notfall auf Unterstützung von dort.

An einem Samstag hatte man mich wieder einmal in der Kasse sitzen lassen, ohne mich abzulösen. Meistens bekommen wir den Ärger der Kunden zu spüren, wenn es zu lange dauert und die Schlangen recht lang sind. Hatte man die Planung nicht im Griff oder waren wir zu wenig Mitarbeiter? Schwer einzuschätzen. Da ich aber einen festen Arbeitsvertrag wollte, hatte ich mich mit Kritik immer zurückgehalten. Die Aufsicht, Herr Salamander, zögerte die Sache dann noch hinaus und meinte, er müsse im Kassenbüro erst nachfragen und gebe mir dann Bescheid. Er war der Liebling der Teamleiterin Manger. Bei ihm dauerte es manchmal eine geschlagene Stunde, bis ich zur Toilette konnte. Wenn keine Ablösung kam, musste man einen Kunden bitten, darauf zu achten, dass sich hinter ihm keiner mehr anstellte. Das war oft sehr schwierig, denn nicht alle hörten auf diesen Kunden. Irgendwann steht einem alles bis zum Hals. Als ich endlich von der Kasse wegkam und im Kassenbüro die Teamleiterin Winner meinte: »Tut mir leid«, platzte all der aufgestaute Frust aus mir heraus.

Ich hatte festgestellt, dass vom Personalbüro die überzähligen Stunden, die über die vereinbarte Arbeitszeit hinausgingen, einfach gestrichen wurden, was aber den Damen im Kassenbüro egal zu sein schien. Da hieß es: »Kannst ja gehen, wenn dir der Plan nicht passt!«

Eine männliche Kassenaushilfe, den Namen verschweige ich absichtlich, sagte gleich am Anfang meiner Tätigkeit zu mir: »Sie werden den Sauhaufen noch kennenlernen.« Wie recht er hatte, weiß ich heute.

Ich sagte Frau Winner, was ich von der Art und Weise hielt, wie man die Mitarbeiter behandelte, und dass ich unter diesen Umständen hier doch lieber nicht arbeiten möchte. Damals hätte ich mit meiner Leistung bestimmt noch etwas anderes gefunden, nachdem ich festgestellt hatte, dass mir die Arbeit an der Kasse großen Spaß machte. Heute sieht es schlechter für mich aus, mein Alter und die Behinderungen sind kein Vorteil. Zu meiner Überraschung wurde ich nach diesem Wochenende fest angestellt. Mein Vertrag wurde vier Wochen vor Ablauf umgewandelt in einen unbefristeten Arbeitsvertrag.

Es war die Teamleiterin Winner, die dafür gesorgt hatte, denn sie schätzte meine Arbeit sehr. Sie hatte das bei Herrn Lachs befürwortet, weil sie nicht wollte, dass ich ging. Die Teamleiterin Manger, die mich die ganzen Monate mit fadenscheinigen Ausreden hatte zappeln lassen, tat dann zwar so, als ob sie das veranlasst hätte, aber ich wusste von Frau Winner Bescheid. Ich freute mich jedoch erst einmal, denn ich bekam für meinen letzten Sohn keinen Unterhalt, da war alles immer knapp. Von nun an jeden Monat regelmäßig eigenes Geld auf dem Konto zu haben, war ein wunderbares Gefühl, dafür nahm ich einiges in Kauf.

Der damalige Geschäftsleiter und heutige Bezirksgeschäftsleiter Lachs sagte, er würde mich bei meiner Bewerbung in die neue Filiale unterstützen und ich solle die Damen im Kassenbüro bitten, mir alles Nötige für die Arbeit dort beizubringen, damit ich mich entsprechend bewerben könne. Ich wurde nach dem Gespräch mit ihm sofort ins Kassenbüro gerufen und gefragt, was wir besprochen hätten. Das kam mir komisch vor. Ich erinnerte mich jedoch an die Bemerkung von Teamleiterin Manger, als ich erzählte, ich wolle mit Herrn Lachs über meine Bewerbung reden. Sie sagte wörtlich: »Ich erlaube das Gespräch.«

Heute weiß ich, dass alle, die zum Chef gingen, es anschließend schwer hatten bei ihr, eben auch meine Bekannte, worüber ich damals nicht nachdachte. Als ich sie bat, sie solle mir die Arbeit im Kassenbüro beibringen, denn dafür wolle ich mich bewerben, meinte sie, sie glaube nicht, dass das möglich sei. Sie tat es dann auch nicht, obwohl es Herr Lachs vorgeschlagen hatte. Ich wollte nicht noch mehr Probleme und sagte deshalb nichts. Das war vermutlich ein Fehler. Vielleicht ergibt sich die Möglichkeit dann in der neuen Filiale, hoffte ich.

Nach der Umstellung auf den Euro gab es bei den Abrechnungen häufig Differenzen. Ich hatte nie Probleme damit und wunderte mich, als ich nach vielen Wochen meinen Namen mit einem Betrag von über vierzig Euro minus auf der Liste sah. Da es eine tägliche Liste mit den Differenzen gibt und ich nie einen so hohen Fehlbetrag unter meinem Namen gelesen hatte, erstaunte mich dies nun sehr. Bei dieser Differenz muss man an den Geschäftsleiter schreiben und erklären, wie das passieren konnte. Ich fand es sehr eigenartig, nach so einer langen Zeit plötzlich auf der Liste zu stehen. Bei der Gewerkschaft sagte man mir, ich müsse nichts schreiben, da ich mein Geld nicht selber zähle. Das sagte ich dann auch im Kassenbüro, denn irgendetwas stimmte da nicht. Ich konnte diesen Betrag in meinem Kalender, in dem ich mir immer alle Differenzen notierte, auch nicht entdecken.

Herr Lachs war nun Bezirksgeschäftsleiter und unsere Filiale bekam einen neuen Leiter, Herrn Spierl. Damit wuchs auch gleich die Hoffnung auf eine Besserung des Arbeitsklimas in der Kassenzone. Leider wurden wir sehr schnell eines Besseren belehrt. Herr Spierl machte sofort bei der ersten Schulung klar, dass er keine Widerreden oder Beschwerden akzeptiert. Er sagte: »Wem nicht passt, was ich sage und verlange, der kann in meinem Büro vorbeikommen und den Aufhebungsvertrag unterschreiben.«

Mächtige Worte, die jeden einschüchtern sollten, was auch gelang. Schließlich waren alle auf ihren Arbeitsplatz angewiesen. Herr Spierl kam aus einer anderen Filiale und dort lief der Vertrag ab, das heißt, das Personal dort wurde arbeitslos. Er wollte aber seine Lieblingsmitarbeiter hierher bringen, also musste er Platz schaffen. Da er seine Anweisungen am Anfang immer schriftlich machte, also zu jedem auf Distanz ging, wusste keiner so recht, wie er dran war – und das galt für alle. Dieser Zustand hielt jedoch nicht sehr lange an und ging bald im Strudel der Streitigkeiten unter. Bei diesen stellte er sich immer auf die Seite mit der besseren Ausgangsposition.

Ich hatte von Anfang an das Gefühl, er wollte die Anzahl der Mitarbeiter verkleinern, und da hatte ich schlechte Karten, denn der Teamleiterin Manger war ich ja aufgedrängt worden, und leiden konnte sie mich schon gar nicht. Das konnte ich mittlerweile oft genug spüren. Sie wusste, dass ich die Arbeit im Kassenbüro lernen wollte, aber sie gab mir keine Chance. Dagegen durfte ein junger Mann namens Salamander, der neu zu uns gekommen war, sofort diesen Job mit Aufsicht und allem Drum und Dran lernen. Ihn unterstützte sie dann auch dabei, die Stelle im Kassenbüro im neuen Markt zu bekommen. Sie bevorzugte die jungen Männer, die bei uns arbeiteten.

An meiner ersten Firmenweihnachtsfeier setzte ich mich auf Einladung einer Kollegin, die eine gute Freundin von Frau Manger war, an deren Tisch. An den Blick von Frau Manger kann ich mich noch sehr gut erinnern, merkte ich doch gleich, dass ich hier unerwünscht war. Das konnte ich damals noch nicht wissen und die Kollegin auch nicht. Als ich mich umschaute am Tisch, waren alle männlichen Kollegen aus der Kassenabteilung da versammelt. Ich fühlte mich den ganzen Abend lang entsprechend unwohl.

Auch besetzte Frau Manger die freien Arbeitsplätze an der Information und als Aufsicht, die auch zum Verantwortungsbereich des Kassenbüros gehörten, mit jungen Männern oder mit Ausländerinnen, obwohl viele Sprachprobleme hatten oder erst neu eingestellt waren. Mein Gefühl sagte mir, dass sie mich damit ärgern wollte, seit sie von meinem Wunsch, diesen Sektor zu erlernen, wusste.

Die Kollegin Finger bat mich, meine Söhne zu fragen, was ihr eigener Sohn tun könnte, um nicht zum Bund zu müssen. Ich sollte sie anrufen und habe es total vergessen. Frau Finger war sehr sauer deshalb und ich glaube, sie hat sich revanchiert, indem sie meine Stempelkarte verschwinden ließ. Ich kann es nicht beweisen, bin mir aber ziemlich sicher, denn die Art ihres Verhaltens bestätigte es mir. Nachdem die Stempelkarte weg war, sagte ich der Teamleiterin Tischler Bescheid und schrieb mir meine Stunden wie auch alles andere in meinen Kalender auf. Da die Karte nach zwei Tagen immer noch nicht gefunden war, bekam ich vom Personalbüro eine neue Stempelkarte ausgestellt. Und siehe da, am nächsten Tag war auch die alte Karte wieder da! Alt und Neu lagen zusammen in meinen Fach. Ich erinnerte Frau Tischler an meine Stunden dieser beiden Tage, damit sie nicht vergessen wurden.

Die Teamleiterin Winner hatte sich nach Berlin versetzen lassen, denn sie kam mit Frau Tischler, die recht lange krank gewesen war und nun wieder arbeitete, nicht zurecht. Da gab es viele Reibereien und Frau Winner hatte schon Probleme mit der Galle und war auch längere Zeit krankgeschrieben, bevor sie ging. Wir alle spürten: Es weht ein rauer Wind. Speziell ich fühlte mich betroffen, wegen meines Vertrags, den ich wahrscheinlich von Frau Tischler und Frau Manger nie bekommen hätte. Ich war täglich auf der Hut, alles gut genug zu machen.

Heute weiß ich, dass Frau Manger bei allen Zwistigkeiten, egal mit wem, die Finger im Spiel hatte und sich dann Vorteile verschaffte. Wie lässt sich sonst erklären, dass alle weg sind (Frau Winner, Frau Tischler, Herr Bauer), nur sie war noch da und längere Zeit sogar alleine im Kassenbüro tätig, was sie schon immer wollte. Später kamen durch Herrn Spierl neue Kolleginnen dazu. Seit Frau Manger auch von Frau Mogler gemobbt wird, ist sie sehr oft und lange krank.

Nach meinem zweiten Krankenhausaufenthalt empfahl mir meine Hausärztin eine Rehabilitation, denn das würde mir sehr gut tun, auch zur Unterstützung der Raucherentwöhnung. Ich stellte den Antrag. In den drei Wochen bis zum Rehabilitationstermin arbeitete ich und stellte dabei fest, dass meine Stunden nicht geklärt waren. Eigentlich hatte ich es auch gar nicht erwartet, denn Frau Tischler vergaß sehr viel oder fand es nicht wichtig. Ich sagte es nun der Teamleiterin Manger und diese versprach, sich darum zu kümmern. Es waren siebzehn Fehlstunden eingetragen und ich war gespannt, ob sich bei meiner Rückkehr was getan haben würde.

Nein, ich hatte diese Minusstunden immer noch, als ich nach vier Wochen von der Rehabilitation zurück zur Arbeit kam. Die Kollegin Finger hat sicher gewusst, was ich für Probleme haben würde, bis diese Stunden gerechnet wurden. Sie arbeitete schon seit über zwanzig Jahren hier und eben auch lange mit den Teamleiterinnen zusammen.

Daraufhin klärte ich meine Stunden im Personalbüro selbst und wurde dort von der Mitarbeiterin Falke ziemlich angefahren, denn mittlerweile waren Monate vergangen und sie stellte es als extrem viel Arbeit dar, die Stunden in ihrem PC-System auf die Reihe zu bringen. Aber sie glaubte mir schließlich, dass es nicht meine Schuld war. Sie war richtig sauer und sehr unzufrieden mit der Arbeit der beiden Teamleiterinnen. »Die sollen gefälligst ihre Arbeit besser machen«, schimpfte sie.

Als sie meine Karteikarte aus dem Kasten nahm, um zu kontrollieren, was darauf eingetragen war, stellte ich fest, dass die drei Wochen, in denen ich gearbeitet hatte, mit »krank« verzeichnet waren. Wie konnte das sein? Ich hatte doch immer gestempelt. »Diese Karten schaut der Chef an, damit er nicht immer im Computer suchen muss und eben auch die Fehltage schnell im Blick hat«, erklärte Frau Falke. Sie konnte sich die Eintragung nicht erklären, außer Frau Mogler, die rechte Hand vom Chef, hätte die Hand im Spiel gehabt. Sie zerriss die Karte und schrieb eine neue. Danach rief sie im Kassenbüro an und verschaffte sich Erleichterung, indem sie die Teamleiterin am Telefon anschnauzte.

Wusste sie, was sie da anstellte? Die Leidtragende war doch wieder ich. Die üblichen Machtspiele, die ich ständig zu spüren bekam, würden sich dadurch nur verstärken. Auf alle Fälle hatte ich nach der ganzen Rechnerei der Mitarbeiterin Falke und auch entsprechend meiner eigenen Berechnung siebzehn Plusstunden.

Am Ende des Jahres bekam ich eine Abmahnung, angeblich hätte ich mich nicht ordnungsgemäß krankgemeldet. Da ich die Krankmeldung aber immer gleich nach dem Arzttermin noch am selben Tag abgeschickt hatte, war ich mir keiner Schuld bewusst. Die Vizechefin Mogler beobachtete mich sehr auffällig, als ich die Empfangsunterlagen unterschrieb. Hatte sie die Abmahnung geschrieben?

Mir war klar, das alles gehörte zur Schikane. Und es war ja nicht die erste. Immer wenn denen etwas nicht gefiel, kam die Retourkutsche. In Bezug auf meine Krankmeldungen gab es einige Schikanen, denn einmal rief mich Frau Falke zu Hause an und sagte, meine Krankmeldung sei verloren gegangen und ich müsse mir vom Arzt eine neue geben lassen, sonst würden Minusstunden eingetragen. Nachdem ich eine neue Krankmeldung abgegeben hatte, sah ich, dass ich über zwölf

Minusstunden hatte. Als ich nachfragte, hieß es, man könne das Datum nicht lesen, und bis ich eine Meldung mit gut leserlichem Datum bringen würde, hätte ich eben Minusstunden. Die Sekretärin Farth zeigte mir das Formular. Ich konnte die beiden Zahlen, exakt dieselben nebeneinander, gut lesen, aber sie behauptete, sie eben nicht. Also ging ich wieder zum Arzt und diesmal bekam ich sie mit Computer geschrieben. Man hat auch trotz Krankmeldung bei mir zu Hause angerufen und gefragt, wo ich bleibe. Wurde ich da kontrolliert?

Kritik an meiner Arbeit, hinter meinem Rücken schlecht über mich reden, mich zwingen, da zu arbeiten, wo es meiner Gesundheit schadet, und viele andere Schikanen: Wenn das kein »Mobbing« ist, was ist es dann?

Anfang des nächsten Jahres, kaum sechs Wochen später, stellte ich fest, dass ich wieder siebzehn Stunden minus hatte. Ich war völlig perplex und verstand die Welt nicht mehr. Wie konnte es dazu kommen? Ich rechnete meine Stunden und auch den Plan durch und merkte, dass man mich so eingeteilt hatte, dass ich auf Minusstunden kam. Mir war schon aufgefallen, dass ich oft frei hatte und zwischendurch fragte ich Frau Manger, ob es damit seine Richtigkeit hatte. Sie erklärte mir, ich müsse meine Stunden abbauen und es stimme schon alles mit dem Plan. Dieser müsse so eingehalten werden. Hätte ich mehr dazu gesagt, hätte ich die Standardantwort zu hören bekommen: »Kannst ja gehen, wenn dir was nicht passt!«

Als ich vom Krankenstand zurück zur Arbeit kam, schickte man mich einmal zum Arbeiten ins Zelt neben dem Parkplatz, das zu diesem Zeitpunkt keine Heizung hatte, denn man hatte vergessen Öl zu bestellen. Es war bitterkalt. Ich glaube, man wollte mir schaden, sonst hätte man mich nicht rausgeschickt. Es ist bekannt, dass die Kälte schlecht ist für meine Gesundheit, das schien aber niemanden zu interessieren. Ein Kollege aus der Sportabteilung besorgte mir einen kleinen Heizlüfter, damit ich wenigstens warme Füße behielt, und sogar heißen Kaffee bekam ich von ihm. Das freute mich sehr und ich sah es als Beweis für meine gute Zusammenarbeit mit den Kolleginnen und Kollegen. Das durften die im Kassenbüro natürlich nicht erfahren.

Als ich unseren Betriebsrat Fröhlich traf, erzählte ich ihm die Sache mit dem Zelt. Er riet mir, wegen meiner Krankheit (COPD mit Lungenemphysem) den Schwerbehindertenausweis zu beantragen, so sei ich besser geschützt. Er füllte den Antrag sogar aus und brachte ihn zur Post. Ich erfuhr später, dass er mehrere Kolleginnen angesprochen hatte, denn man wollte die vorgeschriebenen Ausgleichsabgaben sparen, und dazu mussten fünf Prozent der Arbeitsplätze mit Schwerbehinderten besetzt werden. Mein Gefühl hatte mir schon signalisiert, dass er es nicht wegen mir machte.

Ich kannte sein Verhalten nämlich schon, was Anträge angeht. Die Dinge, die ihm nicht wichtig erscheinen, erledigt er auch nicht. Den Mitgliedsantrag für die Gewerkschaft machte ich damals auch mit ihm. Weil ich nichts hörte, fragte ich ihn nach etlichen Wochen, was da los sei und warum es so lange dauert. Als Antwort bekam ich: »Vielleicht haben die genug Mitglieder und brauchen keine mehr.«

Als ich das einer Kollegin erzählte, meinte die: »Das gibt es nicht! Ruf doch dort mal an und frag nach.«

Das tat ich und tatsächlich hatte die Gewerkschaft meinen Antrag nie bekommen. Mir wurden die Unterlagen noch einmal zugeschickt und ich konnte sogar rückwirkend Mitglied werden. Eigentlich war ich der Meinung, als Betriebsrat müsste sich Herr Fröhlich über Mitglieder freuen. Aber er war freigestellter Betriebsrat mit einem eisernen Bein und alle anderen waren ihm egal.

Ich erzählte ihm auch von meinen Minusstunden und wie sie zustande gekommen waren, aber eine Klärung des Problems gab es deshalb nicht.

Nach meinem Urlaub stellte ich fest, dass ich schon wieder samstags eingeteilt war. Ich hatte bereits an sieben Samstagen in Folge gearbeitet und normalerweise sollte man höchstens zweimal hintereinander eingeteilt werden. Auf meine Frage, warum immer ich samstags arbeiten müsse, antwortete Frau Tischler, die die Teamleiterin in meiner Gruppe war: »Sie haben dafür doch an einem anderen Tag frei.«

Aber darum ging es nicht! Wegen der Schule und meinen Wechselschichten konnte ich wenig mit meinem Sohn unternehmen, deshalb war mir der Samstag sehr wichtig. Bei Spätschicht sah ich ihn nur kurz am Abend. Wenn ich morgens aufstand, war er schon in der Schule, und wenn er heimkam, war ich schon wieder arbeiten. Außerdem hatten andere drei Mal, »Lieblinge« sogar vier Mal hintereinander frei, nicht regelmäßig, aber es passierte schon öfter. Das war nicht in Ordnung!

Auf meine Frage hin sollte ich mich laut Frau Tischler am nächsten Tag bei Frau Mogler melden. Sie steht in der Hierarchie zwischen dem Teamleiter und dem Chef. Ich habe für dieses Gespräch extra meinen Zahnarzttermin verschoben. Doch dann sagte mir Frau Mogler, sie hätte mich nur sprechen wollen, falls es im Kassenbüro nicht zu klären gewesen wäre. Ich erwähnte, dass ich dann meinen Zahnarzttermin ja nicht hätte verschieben müssen. Sie flippte völlig aus, wurde laut und rief den Chef, Herrn Spierl, hinzu. Und da war wieder mein Gefühl, dass dies nichts Gutes verhieß. Ich glaube mittlerweile, ich kann Negatives schon im Voraus spüren. Er führte mich in einen Büroraum nebenan und tobte sofort los: »Wenn Sie samstags nicht arbeiten wollen, dann gehen Sie in ein Büro. Sie sind asozial, wie alle Kranken und Schwerbehinderten. Ich habe die Schnauze voll! Kranke sind mir wurscht, Ihr Sohn ist mir wurscht, Ihre Arbeitszeit ist mir wurscht.«

Ihn interessierte nichts, was ich vorbrachte. »Auf Ihren Arbeitsplatz warten schon fünfzig Arbeitslose«, sagte er.

Das Wort »asozial« fiel mindestens drei Mal. Der Mann war sehr, sehr aufgebracht und das eigentlich wegen gar nichts. Ich hatte nur gefragt: »Warum immer ich?«

Ich würde ihm mehr schaden als nutzen, behauptete er. Auf meine Frage, ob es nicht mehr nach der Leistung gehe, meinte er: »Welche Leistung, wenn Sie immerzu krank sind?«

Als ich antwortete, ich wäre ja schon froh, wenn ich nur ein Grippevirus hätte, dann wären die Atemnot und die Angst vor dem Ersticken nicht so groß, nannte er mich oberflächlich. Ich hätte ihn schon sehr viel Geld gekostet, schließlich sei ich zwölf Wochen krank und zudem vier Wochen in Rehabilitation gewesen. Er werde dieses Theater mit den Kranken so nicht mehr hinnehmen. Ich sei mit schuld, dass unsere Filiale in den untersten Rängen der Umsatzlisten stehe. Ich solle kündigen, wenn es mir hier nicht passe, worauf ich sagte: »Kündigen Sie mir doch!«

»Einen Teufel werde ich tun«, erwiderte er. Ich hätte im Einzelhandel nichts zu suchen, wenn ich samstags nicht arbeiten wolle.

Er hatte also tatsächlich die drei Wochen aus der Karteikarte dazugerechnet. Wusste er nicht, dass diese Angaben falsch waren? Ich weiß, dass meine Leistung sehr gut ist, und deshalb fällt mir dazu automatisch die Teamleiterin Manger ein.

Es fehlte überall an Motivation, aber die Kranken und Schwerbehinderten waren schuld. Beim früheren Geschäftsleiter Lachs waren die Kassiererinnen schuld, wenn die Inventur nicht stimmte. Immer sind die anderen schuld.

Herr Spierl hatte schon bei vielen Kolleginnen sehr fragwürdige Aussagen gemacht, zum Beispiel: »Ich habe schneller eine alte Frau ... als du arbeitest!« Oder: »Wenn der Storno-Wagen morgen immer noch voll bepackt dasteht, setze ich Sie drauf und fahre Sie raus.« Auch die Gesundheitsprobleme seiner Mitarbeiter waren ihm egal. Davon war keiner begeistert, es traute sich aber auch niemand, etwas zu unternehmen, damit es unterbunden wurde. Wir sind jedoch nicht auf der Baustelle, wo ein solcher Ton vielleicht zur Tagesordnung gehören mag.

Diese Demütigungen und die ganzen Machtspiele machen mürbe, müde und krank. Ich war felsenfest überzeugt, dass man mich krank machen wollte, auch seelisch, um mich so loszuwerden. Zudem verstand ich Frau Mogler nicht, denn bei der Wortwahl des Chefs hätte sie eingreifen müssen, was mir vom Gesamtbetriebsrat der Firma, Herrn Tal, später bestätigt wurde. Auch seine Sekretärin, mit der ich ein sehr langes Telefongespräch führte, war schockiert.

Steckte Frau Mogler mit den Teamleiterinnen unter einer Decke? Es gab einiges, was dafür sprach. Bei meiner Übernahme in ein festes Arbeitsverhältnis hatte sie mich betrogen. Sie rechnete meine Arbeitsjahre falsch an und schaute mir frech ins Gesicht dabei. Zuerst bekam ich weniger Geld, als mir zustand, worauf mich erst eine Kollegin hinwies. Als ich meine Unterlagen vorlegte, schien Frau Mogler nicht angetan. Damals fand ich es nicht so tragisch, denn ich kannte mich im Angestelltenverhältnis nicht aus.

Auch die vielen Fehler, die Frau Mogler bei der Eingabe am Computer machte und die ich immer melden musste, machten mich nicht unbedingt zu ihrer Freundin. Sie war es auch, die die falsche Eintragung auf der Karteikarte vorgenommen hatte, wie ich später von Frau Falke erfuhr, die mir Frau Mogler als sehr machtbesessen beschrieb. Ich solle einfach meine Arbeit machen und mich fernhalten von bestimmten Leuten, riet Frau Falke mir. Nun wusste ich Bescheid und zugleich war klar, dass es da auch ziemliche Probleme gab.

Allen in gehobener Position war ich wohl ein Dorn im Auge, wie es schien. Nur der Betriebsrat Fröhlich verhielt sich noch einigermaßen redlich. Grundlos fühlte ich mich beschämt und erbärmlich. Ich redete mit niemandem darüber, machte mir selbst aber sehr viele Gedanken und schadete meiner Gesundheit und Psyche immer mehr. Auf Anraten meiner Hausärztin wurde ich Mitglied beim Sozialverband, sie sagte, man könne ja nie wissen. Ich machte dort einen Termin und erfuhr, dass man mir in der Arbeitssache nicht helfen könne. Aber ich konnte aufgrund meiner psychischen Belastung einen Antrag auf Verschlechterung meiner Behinderung stellen. Dieser wurde dann auch genehmigt.

Ich sah keinen Grund für all die Schikanen. Es konnte nur an meiner guten Leistung und dem sehr guten Verhältnis zu den Kolleginnen und Kollegen liegen, dachte ich immer wieder. Wie begegnet man Neid und Eifersucht, ohne sich oder anderen zu schaden?

Wie kam Herr Spierl darauf, ich hätte ihn viel Geld gekostet? Nach sechs Wochen springt die Krankenkasse ein und auch die Rehabilitation musste er nicht bezahlen. Denkt er, ich bin doof?

Als ich später den Betriebsrat Fröhlich traf und ihm von dem Gespräch erzählte, meinte er, der Chef müsse bei der Schulung im Umgang mit Schwerbehinderten geschlafen haben. Diese Schulung muss jeder Geschäftsleiter besuchen. Ich erwähnte noch, dass ich mir das nicht gefallen lassen würde, und seine Antwort kam prompt: »Dann machen Sie ruhig.«

Und ich machte. Zu dieser Zeit war das Verhältnis zum Chef von allen noch sehr, ich nenne es mal »vorsichtig«. Eine Kollegin sagte, sie würde Unterschriften sammeln, falls es für mich dadurch Probleme gäbe.

Mir war ein Zahn auseinandergebrochen, deshalb der Zahnarzttermin. Was der Zahnarzt da machen musste, war nicht einfach und schmerzte sehr. Er schrieb mich zwei Tage krank. Wie herrlich! Ich setzte mich an meinen PC und schrieb eine E-Mail an Herrn Steulich, die Gesamtschwerbehindertenvertrauensperson der Firma Gral GmbH SB-Warenhaus. Ich war immer noch sauer und sehr, sehr enttäuscht. Und weil ich so schön dabei war, erwähnte ich auch das miserable Arbeitsklima und das Verhalten mir gegenüber in unserer Abteilung. Dass ich asozial sei, das hat in meinem ganzen Leben noch keiner zu mir gesagt, auch nicht als Alleinerziehende mit sechs Kindern.

Da ich den Schwerbehindertenantrag erst vor ein paar Wochen gestellt hatte, also noch nicht klar war, ob ich den Ausweis bekommen würde, fühlte sich Herr Steulich nicht zuständig und schickte meine Mail mit einem Anhang an den Gesamtbetriebsrat der Firma, Herrn Tal. Dieser rief daraufhin beim Betriebsrat Fröhlich an und verlangte mich am Telefon, denn er durfte das Schreiben nicht ohne mein Einverständnis weiterleiten. Ich gab meine Zustimmung. Er sagte: »Das muss unbedingt geklärt werden, so etwas geht gar nicht. Und ich werde die Mail auch an den Personalleiter Baumann weiterleiten und einen runden Tisch zur Klärung planen.«

Der Betriebsrat Fröhlich hatte dann ein Gespräch mit Geschäftsleiter Spierl. Er erzählte mir später, dieser hätte zugegeben, den Ausdruck »asozial« benutzt zu haben. Er meinte auch, er habe den Chef schon vor längerer Zeit darauf hingewiesen, dass er mit seinen unverschämten Kommentaren irgendwann an den oder die Falsche geraten würde. Die Falsche war nun ich, womit ich mir noch mehr Schwierigkeiten einhandelte, dachte ich.

Herr Spierl musste mehrere schriftliche Erklärungen an die Geschäftsleitung und alle möglichen Stellen in der Firma abgeben. Dann bekam auch der Bezirksgeschäftsleiter Herr Lachs Kenntnis davon und bestellte mich in sein Büro. Ich hatte ihn bewusst nicht mit einbezogen, wegen der Geschichte mit meiner Bekannten. Sie hatte ihn ja um Hilfe gebeten und war danach aufs Übelste behandelt worden, weil er nichts unternahm.

Herr Lachs war sehr aufgebracht und sagte, so etwas sei ihm in 35 Jahren seiner Tätigkeit in dieser Firma noch nicht passiert. »Es gibt für alles ein erstes Mal«, dachte ich, aber ich sprach es nicht aus. Er glaube auch nicht, dass so etwas gesagt wurde, und falls doch, dann sei es nicht in Ordnung und er werde es nicht dulden.

»Vielleicht sagte Herr Spierl das Wort in einem anderen Zusammenhang?«, meinte er.

Ich fragte ihn: »In welchem Zusammenhang hätte das sein sollen?«

Dann wollte Herr Lachs wissen, ob ich die Hierarchie der Firma kenne. Leider ist mir seine Hierarchie egal, wenn mich jemand asozial nennt und ich der Meinung bin, von ihm keine Hilfe zu bekommen. Ich erwähnte deshalb den Fall meiner Bekannten, aber er konnte oder wollte sich nicht an sie erinnern. Dann brach er das Gespräch abrupt ab, ich fühlte mich aus dem Büro geschmissen. Da dachte ich bei mir, dass ich mit dieser Mail doch den richtigen Weg gegangen war, denn ihm war ich doch auch egal. Keine Anerkennung für die Leistung, die man bringt, aber auf die Hierarchie achten ...

Nach diesem Wochenende wurde ich erneut in sein Büro zu einem Gespräch mit der Teamleiterin Manger und dem Betriebsrat Fröhlich gerufen. Ich wiederholte auch dieses Mal die Geschichte von meiner Bekannten und wie sie gemobbt wurde, weil er ihr nicht half. Das kann der Teamleiterin Manger nicht gefallen haben, aber ich schätzte es mittlerweile als falsch ein, dass ich die ganze Zeit geschwiegen hatte. Je länger ich schwieg, desto mehr passierte. Ich versuchte es nun anders.

Später im Büro bei Betriebsrat Fröhlich sagte die Teamleiterin Manger zu mir: »Jetzt stehen Sie ganz schön alleine da.« Wie meinte sie das? Ich stand doch schon seit Frau Winners Weggang alleine da. Herr Fröhlich gab Antwort und meinte, das habe sie bestimmt nicht so gemeint.

Ich erwiderte: »Ich habe keine Angst.«

Nach ein paar Tagen traf ich den Bezirksgeschäftsleiter Lachs im Treppenhaus, er fragte, wie es mir geht und bot mir Hilfe an, falls nötig. Ich habe mich da aber nicht darauf verlassen.

Nachdem ich am Samstag einen Diebstahl im Wert von rund fünfhundert Euro an meiner Kasse verhinderte, bekam ich von Geschäftsleiter Spierl eine Flasche Schaumwein als Geschenk. Als ich mich dafür bedankte, meinte er, das sei ihm egal, er müsse sie ja nicht bezahlen. Diesen Kommentar fand ich überflüssig, erbärmlich und unnötig. Auch der Bezirksgeschäftsleiter Lachs gratulierte und fand diese Aktion besser als die Mail, die ich verschickt hatte. Dass sich die Teamleiterinnen zu keinem Kommentar hinreißen ließen, bestätigte mich in meinem Vorsatz, mich vor denen weiterhin in Acht zu nehmen. Frau Slalom kam zu mir an die Kasse und holte die Flasche ab, denn sie musste abgeschrieben werden. Sie marschierte damit aber erst ins Kassenbüro statt zur Information. Die Teamleiterinnen wollten wahrscheinlich wissen, ob ich einen teuren Sekt bekommen hatte.

Gleich nach diesem Wochenende fand ein Testkauf statt. Ich saß schon seit Stunden auf der für mich unangenehmen Seite der Kasse (gerade Zahlen) und hatte mehrmals gefragt, wann ich tauschen könne, denn die Konzentration lässt bei mir auf dieser Seite schnell nach. »Dauert noch!«, wurde mir immer wieder gesagt. Nachdem ich einen Kunden mit einem Einkauf von fast zweihundert Euro abgefertigt hatte, war ich richtig kaputt und hätte eigentlich eine Pause gebraucht. Die nächste Kundin war die Testkäuferin.

Frau Manger ließ mich anschließend sofort aus der Kasse holen und zeigte mir den Wagen, um mich darauf hinzuweisen, dass ich einen Artikel übersehen hatte. Meine Leistung lasse zu wünschen übrig und ich solle besser aufpassen. Danach durfte ich sofort die Kasse wechseln.

In der Pause traf ich eine Kollegin, bei der auch ein

Testkauf durchgeführt wurde, und sie erzählte mir, die Dame hätte sie unterstützt, ihre Tasche vorgezeigt und die Artikel für sie sichtbar gerutscht, deshalb habe sie den Test bestanden. Da wurde ich stutzig und überlegte, dass jedes Mal, wenn ich etwas gut gemacht hatte, irgendetwas passierte, um die Leistung sofort wieder herabzusetzen. Der Bericht über die Testkäufe wird dem Chef vorgelegt. Diebstahl verhindert, Testkauf gleich anschließend nicht bestanden – das stinkt so zum Himmel und ich frage mich, wer bestimmt, dass ein Testkauf stattfindet. Ich glaube, es war Frau Manger.

Bei Gesprächen mit Kolleginnen in der Pause hatte ich erfahren, dass man eine frühere Teamleiterin auf brutale Art und Weise, abgeholt von der Polizei, der angeblichen Unterschlagung beschuldigte. Es muss ungefähr ein Jahr vor meinem Eintritt in die Firma gewesen sein. Die ehemalige Mitarbeiterin kaufte noch immer bei uns ein und keine der Kolleginnen, die sie kannten, glaubte an ihre Schuld. Eines Tages saß ich beim Abrechnen im Kassenbüro, da stürmte sichtbar nervös die Aufsichtskraft Slalom herein und sagte zu Frau Manger: »Sie kauft schon wieder hier ein und alle Mitarbeiter stürzen auf sie zu, begrüßen sie und schütteln Hände.«

Irgendwie wusste ich sofort, wer gemeint war, und horchte auf. Der Kommentar der Teamleiterin Manger: »Macht doch nichts, es weiß ja keiner etwas«, war für mich die Bestätigung, dass die Sache wirklich stinkt und die Kolleginnen Recht hatten.

Irgendwann, nach weiteren Mobbingaktionen und Manipulationen gegen mich, suchte ich das Gespräch mit dieser früheren Teamleiterin. Von einem Kollegen erfuhr ich, wo sie arbeitete, und eine Kollegin begleitete mich. Man habe ihr eins auswischen wollen, erzählte die ehemalige Mitarbeiterin. Es gab eine ältere Teamleiterin, die mit dem Computersystem nicht zurechtkam. Sie selbst hatte dadurch doppelte Arbeit und erwähnte das beim Chef, der daraus die Konsequenzen zog. Das hat man ihr krummgenommen und deshalb diese Aktion gegen sie initiiert. Der Fall kam sogar vor Gericht und konnte nicht geklärt werden. Sie erwähnte auch, dass der stellvertretende Geschäftsleiter Kamp sie besucht und wieder als Mitarbeiterin habe anwerben wollen. Aber sie wollte mit solchen Menschen nicht mehr zusammenarbeiten.

Als ich ihr von meiner Bekannten und deren Kündigung erzählte, meinte sie: »Haben sie es endlich geschafft? Die wollten sie schon lange weg haben.« Meine Bekannte habe ihre Arbeit sehr gut gemacht, aber sie sei zu gutaussehend für die beiden Teamleiterinnen gewesen, das könnten die nicht vertragen. Die Bosheiten mir und meiner Bekannten gegenüber bestätigte sie als ihr sehr bekannte Maßnahmen.

Ich erwähnte auch Frau Slalom und deren Attacken, da sagte sie: »Die erfüllt nur ihre Aufträge, was soll sie sonst machen.«

Beim Nachrechnen meiner Arbeitszeit stellte ich fest, dass ich in einem Monat neun Mal und noch sieben Mal im nächsten Monat die Pausen überzogen hatte. Die Pausen hatte ich bisher noch nie so kontrolliert. Beim Vergleich mit Kolleginnen stellte ich fest: Das gab es nur bei mir. Es war eigentlich unmöglich, denn sowie die Aufsicht der Meinung war, die Pause ist um, wurde man sofort abgeholt, und das regelmäßig.

Es waren Monate, in denen ich Gespräche mit dem Betriebsrat Fröhlich geführt hatte, deshalb vermutlich der Abzug von Arbeitszeit. Man ließ nichts aus gegen mich und ich fand es unverschämt. Auch ganze Stunden verschwanden manchmal einfach so, stellte ich nun öfter fest.

Tatsache war: Wenn nur ein paar Sekunden zu spät gestempelt wurde, wurden gleich fünf Minuten abgezogen. Das ist nicht erlaubt, hatte mir Frau Oppt am Telefon bestätigt, aber es wird sehr erfolgreich praktiziert. Sie sagte auch, sie hätte Herrn Fröhlich dazu angehalten, das zu ändern. Vom Bezirksgeschäftsleiter Herrn Lachs erfuhr ich, es wäre mit dem Betriebsrat Fröhlich so abgesprochen. Muss eigentlich ein freigestellter Betriebsrat stempeln?

Da ich wusste, dass man die Arbeitszeiten auch manuell regeln kann, wurde mir in diesem Moment klar, dass zu allen Machtspielen nun auch Betrug hinzukam. Ich hatte dieselben Arbeitszeiten wie viele andere Kolleginnen, aber bei ihnen gab es Plusstunden, während ich immer Minus hatte. Welche Möglichkeiten hatte ich? Was konnte ich dagegen tun?

Die Teamleiterin kam einmal nach Dienstschluss ziemlich bepackt mit Ordnern und Unterlagen aus dem neuen Kassenbüro, welches unterteilt war in den Kassenraum und einen kleinen Vorraum für uns, wo auch die Tresore und Fächer für die Mitarbeiter standen. Ich hatte Feierabend und packte mein Geld zusammen, um es abzugeben, da fielen ihr einige Sachen aus der Hand. Ich fragte: »Nehmen Sie Arbeit mit nach Hause?«

Sie bejahte, denn sonst schaffe sie nicht alles, hauptsächlich unsere Stundenberechnungen mache sie daheim an ihrem PC. Sie war tatsächlich für längere Zeit alleine im Kassenbüro tätig. Sie hatte es geschafft, alle aus diesem Bereich zu vergraulen.

Frau Oppt war der Meinung, die Stundenberechnungen würden von Frau Mogler gemacht. Bekam sie extra falsche Informationen? Aha, dachte ich mir, vielleicht habe ich deshalb immer Minus. Doch wie könnte das kontrolliert werden?

Die Stempeluhr war schon länger defekt, aber es sei kein Geld da, sie reparieren zu lassen, hieß es. Bei einem meiner Gespräche mit dem Betriebsrat Fröhlich erfuhr ich, dass es zwei Arbeitszeitenordner gab – einen mit den original gestempelten Karten und einen mit bearbeiteten Stempelkarten. Hatte man deshalb kein Geld für die Reparatur, weil man auf diese Weise sparen konnte? Während einer meiner Pausen kam es einmal zu einem Stromausfall und die Schlangen an den Kassen waren sehr lang. So ging ich vorzeitig in die Kasse, vergaß zu stempeln und die Teamleiterin Manger trug die Zeit dann per Hand nach.

Deshalb suchte ich das Gespräch mit dem Bezirksgeschäftsleiter Lachs, denn er hatte mir ja Hilfe angeboten. Leider sah die Hilfe so aus, dass er behauptete, die Stempeluhr sei nicht kaputt und ich hätte nur vergessen zu stempeln. Er holte sich die Bestätigung seiner Aussage bei seiner Sekretärin Falke, die einen Ordner vorlegte. Deshalb glaube ich auch, die Aussage des Betriebsrats Fröhlich, dass es zwei Ordner gab, stimmt, denn Herr Lachs hatte gleich sehr laut und ungehalten reagiert.

Ich wollte noch die Sache mit der Karteikarte erwähnen, doch da fuhr Frau Falke mit barschem Ton dazwischen und sagte: »Das gehört jetzt aber nicht hierher.« Warum durfte ich das nicht sagen?

Genau an diesem Tag kam ich in der Pause zu Kollegen aus anderen Abteilungen an den Tisch, die sich über die Stempeluhr unterhielten. Merkwürdig, fand ich, und horchte zu. Ich erfuhr nämlich, dass Frau Falke, die dem Chef gerade eben bestätigt hatte, die Stempeluhr sei nicht kaputt, bei der Kollegin zu Hause angerufen hatte.

Es gebe Probleme mit der Stempeluhr und sie wüsste gerne die Arbeitszeiten zum Nachtragen am Computer, die Uhr habe nicht regelmäßig gestempelt.

Welche Überraschungen mir doch immer wieder geboten wurden! Wie verlogen waren die doch! Es sah so aus, als ob doch nicht alle betrogen würden, oder ging es bei der Sekretärin Falke auch nur um ihre Lieblinge?

Am nächsten Tag bat mich Geschäftsleiter Spierl zu einem Gespräch wegen der damaligen Differenzen. Ich hatte schon Feierabend, sagte aber zu. Als Erstes gab er mir zu verstehen, er werde sich nicht entschuldigen, denn er habe gedacht, »asozial« und »unkollegial« sei das Gleiche. Es war ein sehr langes Gespräch und ich dachte, nun wird es besser.

Ich sah es als mein Recht, auch die Machtspiele von Frau Manger gegen mich zu erwähnen und hoffte auf Unterstützung, da es seine Pflicht ist, solche Dinge zu unterbinden und mich zu schützen. »Ich weiß, dass das Team keine Motivation bekommt, aber das wird sich ändern«, versprach er. Leider hat sich auch nach diesem Gespräch nichts geändert.

Die Teamleiterin Manger, die mittlerweile auch Betriebsratsvorstand geworden war, wollte bei diesem Gespräch dabei sein, aber ich sagte nein. Meiner Meinung nach war sie diejenige, die für viele Gemeinheiten verantwortlich war und ihre Machtstellung missbrauchte. Sie wollte bestimmt nur hören, was ich sagen würde. Vielleicht rechnete sie sogar damit, dass ich ihr Verhalten erwähne und wollte es mit ihrer Anwesenheit verhindern.

Mein freier Tag gleich anschließend wurde gestrichen, ohne dass es mir mitgeteilt wurde. Geht's schon los, dachte ich. Bei jedem wurden gelbe Aufkleber ans Fach geheftet, nur bei mir nicht. Selbst Schuld! Keiner konnte wissen, ob ich die Planänderung gesehen hatte, deshalb kam ich auch nicht. Ich war mir für diese Spiele zu schade. Die Aufsicht Slalom fragte nur kurz eine gute Kollegin, die mich gleich anrief, wieso ich nicht komme, wenn ich im Plan stehe. Zu mir sagte keiner etwas.

Es konnte nur die Teamleiterin Manger dafür verantwortlich sein, sie bestimmte, was geschah. Wer sonst sollte Interesse haben, mir zu schaden? Bei ihr hätte ich niemals einen festen Vertrag bekommen, das spürte ich immer wieder.

Die Kassenabteilung veranstaltete eine Grillparty im Park, aber ich ging nicht hin, denn mit dieser falschen Freundlichkeit hatte ich nichts am Hut. Am nächsten Tag sagte Frau Manger zu mir, das werde sie mir nie vergessen. Es wurde erzählt, manchen Mitarbeiterinnen seien die Getränke so unverschämt stark eingeschenkt worden, dass sie sehr schnell betrunken waren. Eine landete sogar unterm Tisch, sie hatte total die Orientierung verloren. Das brauchte ich nicht und ich war froh, dass ich nicht dabei war. Ich hatte schon genug Stress.

Frau Manger gratulierte mir nie zum Geburtstag, die ganzen Jahre nicht ein einziges Mal. Allen anderen schenkte sie sogar Blumen. Damit ging sie sehr demonstrativ an mir vorbei. Auch mein fünfzigster Geburtstag wurde ignoriert. Bei allen anderen, ob neu oder altgedient, wurde dagegen gesammelt und etwas Schönes gekauft. Ich sehe das als extreme Diskriminierung und es machte mir vieles immer deutlicher.

Ein solches Fehlverhalten geht nicht spurlos an einem vorüber. Man stellt sich immer wieder die gleichen Fragen. Warum? Wieso? Was mache ich falsch? Wie kann ich das ändern, ohne meinen Arbeitsplatz zu verlieren? Ich konnte es mir nicht erklären und hatte nachts Alpträume. Oft waren die Nächte auch ganz schlaflos. Meine Gesundheit und meine Psyche waren mittlerweile sehr angegriffen. Ich war sozusagen am Boden zerstört, wollte es aber immer noch nicht wahrhaben.

Mir wurde nun sehr deutlich bewusst, dass ich diejenige war, die weg sollte, und ich fing an, meinen Kalender als Protokoll der Geschehnisse mit Datum, Uhrzeit, Personen usw. zu nutzen. Ich notierte alles, was geschah, nun ausführlicher. Ich hatte mir ja die ganze Zeit schon immer kurze Notizen gemacht. Damit fühlte ich mich etwas besser, denn das würde mir zur Not eine Abfindung einbringen. Das war mein Ziel, sollte sich die Lage nicht verbessern. Ich glaubte aber nicht mehr an eine andere Möglichkeit. Wie Recht ich hatte, merkte ich bald.

Nachdem die Teamleiterin Tischler wieder sehr lange krank war, kam Herr Bauer aus einer anderen Abteilung als Teamleiter zu uns in die Kassenabteilung. Mit ihm gab es nie ein Problem, im Gegenteil, von ihm erfuhr ich, wie gut meine Arbeit war. Seit Frau Winner war er der Erste, der mir das sagte. Von ihm hörte ich auch, dass es eine monatliche Liste der Fehlbeträge gab und ich meistens den Spitzenplatz mit den wenigsten Differenzen einnahm. Er sagte wörtlich: »Ihr Arbeitsplatz ist Ihnen bei Ihrer Leistung sicher, Sie brauchen sich keine Sorgen zu machen.«

Daraufhin fragte ich mich: Weiß er von dem Fehlverhalten seiner Kollegin Manger? Oder lässt er sich nur nicht davon beeinflussen? Die gute Leistung wird leider nicht honoriert, was ich nach wie vor schade finde.

Ich löste eine Kollegin an der Kasse eins ab, bekannt als Schnellkasse. Sofort hatte ich den Gestank von Verwesung in der Nase. Da die Mausplage überhand genommen hatte, hatte man Mauskiller verwendet. In kleinen Schachteln wurde Gift in der Kasse aufgestellt und wenn die Mäuse das tödliche Futter zu sich nahmen, verkrochen sie sich in ihre Löcher und starben. Leider wurde das aber nicht regelmäßig kontrolliert. Man merkte erst Tage später am Geruch, was los war. Uns allen war der Gestank sehr bekannt, wir hatten ihn an fast allen Kassen schon.

Ich sagte zur Aufsicht Scheider: »Hier kann ich nicht arbeiten, der strenge Gestank erregt Übelkeit und Kopfschmerzen.«

Sie wollte es im Kassenbüro weitergeben und es dauerte ziemlich lange, bis sie wiederkam. Der Geruch komme vom Käsestand gegenüber, habe man ihr im Kassenbüro gesagt und ich solle mich nicht so anstellen. Ich ärgerte mich darüber, denn scharfe Gerüche wie Waschpulver, Konzentrate oder Essenzen verursachen mir Schmerzen. Wenn ich solche Artikel in die Kasse einscannte, versuchte ich, kurzzeitig nicht einzuatmen, dann ging es einigermaßen. Ich hatte meinen Kindern sogar verboten, Deodorants mit extremem Geruch zu benutzen.

Diesen Gestank hätte ich stundenlang einatmen müssen und das wollte ich nicht in Kauf nehmen. Ich regte mich über den Blödsinn mit dem Käsegeruch auf und sagte Frau Scheider ganz klar, dass es sich um Mäusegestank handelte. Es war mir in diesem Moment egal, ob es vielleicht Kunden mitbekamen. Nun ging sie wieder los und ich war gespannt, wie lange es dauern würde.

In der Zwischenzeit kam die Kollegin vorbei, die ich abgelöst hatte. Ich fragte, ob sie den Geruch im Kassenbüro schon gemeldet habe. Sie antwortete: »Ja, schon gestern, denn da war ich auch schon fünf Stunden in dieser Kasse.« Mit Tränen in den Augen fuhr sie fort: »Es ist eine Schande, unter welchen Bedingungen man hier arbeiten muss. Normalerweise müsste man so was dem Gesundheitsamt melden, aber weil man seinen Arbeitsplatz braucht, lässt man sich zu viel gefallen.«

Wie Recht sie hatte! Sie tat mir leid und ich mir selbst auch. Es mussten also schon Tage vergangen sein und keiner kümmerte sich darum. Nach noch mal einer Ewigkeit konnte ich die Kasse dann endlich verlassen. Ich war stocksauer. So etwas Lächerliches wie mit dem Käsestand hatte ich noch nicht gehört. Die Kasse wurde nicht geschlossen, sondern jemand anders hatte nun das Vergnügen, den Gestank aushalten zu müssen. Unglaublich!

Tags darauf hatte ich frei, aber es war eine Betriebsversammlung nach Feierabend angesetzt. Ich hatte mir vorgenommen, die Sache mit dem Mausgestank nicht so einfach hinzunehmen und zu verschweigen. Man verlangte gute Leistung und dementsprechend sollte man sich am Arbeitsplatz auch wohlfühlen, war meine Meinung. Es gab acht oder neun Betriebsräte in unserer Filiale. Es musste doch einer dabei sein, der Verständnis hatte und die Angelegenheit in die Hand nahm, damit wir an den Kassen bessere Bedingungen bekamen. Die Teamleiterin Manger, die ja nun auch Betriebsratsvorstand war, schien es jedenfalls nicht zu interessieren.

Wenn keiner was weiß, kann keiner etwas unternehmen. Ich wusste, es gab nur zwei, die sich das Recht herausnahmen, Entscheidungen nach eigenem Gutdünken zu treffen, gegen die keiner etwas zu sagen wagte. Ich dachte, einen Versuch muss es wert sein, um eine Verbesserung für uns zu erreichen. Der Chef war zuständig für diese Missstände und sollte sie auch erfahren.

Ich trank Wein, viel zu schnell, denn ich vertrage nicht viel, aber ich brauchte ein wenig Mut. Meine Gesundheit hatte schon sehr gelitten. Schade, alle waren sehr unzufrieden, aber keiner traute sich etwas zu sagen. Nachdem ich sowieso schon auf dem Abstellgleis war, wollte ich es versuchen. Entweder würde ich etwas erreichen oder es nutzte alles nichts.

Herr Fröhlich hatte mich einmal gewarnt, ich brauchte mich auf meine Kolleginnen nicht zu verlassen, denn wenn es darauf ankomme, würden sie umfallen. Wie wahr! Keine bestätigte meine Worte, obwohl jede wusste, dass ich Recht hatte. In den kommenden Tagen sagte man mir dann hinter vorgehaltener Hand, wie mutig ich doch gewesen sei. Das nutzte mir wenig.

Erreicht habe ich tatsächlich nichts. Im Gegenteil, es kam mir von Teamleiterin Manger und Geschäftsleiter Spierl noch mehr Feindschaft entgegen. Er grüßte nicht mal mehr und hatte nur noch verächtliche Blicke für mich, was mir aber egal war. Gesundheit geht vor, denn ich habe nur eine. Einer, der mit Worten um sich schmeißt, die er nicht mal kennt – darüber kann man denken was man will. Ich möchte hier nicht beschreiben, was ich davon halte. Und dann hatte er ja nicht mal den Anstand, sich zu entschuldigen.

Von nun an wusste ich: Jetzt wird es wirklich ernst. Da ich nun schon lange unter diesem Druck stand, war erhöhte Achtsamkeit vonnöten. Ich verbrachte die Arbeitszeit in höchster Konzentration, was sehr anstrengend war.

Von Betriebsrat Fröhlich hörte ich nur, ich hätte einen »schwerwiegenden Fehler« begangen. Er warnte mich auch davor, dass man mich schnell zur Querulantin abstempeln könnte. Wie kann man das verhindern? Meiner Meinung nach gar nicht, wenn jemand täglich dem Chef Schlechtes über dich erzählt. Herr Fröhlich meinte, er wisse, dass diese negativen Botschaften über mich aus dem Kassenbüro kämen. Ich verstehe nicht ganz: Wo bleiben da meine Rechte als Arbeitnehmerin? Eigentlich sollte er mich schützen, zumal mir bekannt wurde, dass er auch der Schwerbehindertenvertreter unserer Filiale war. Müsste er mir da nicht helfen?

Vor Weihnachten hatten wir eine Aktion. Die Kunden konnten Sterne sammeln und die vollen Hefte an der Information gegen einen Gutschein einlösen. Irgendwann gab es keine Gutscheine mehr, deshalb mussten wir die Hefte an der Kasse annehmen, kontrollieren, ob sie voll waren, und mit der Einkaufssumme verrechnen. Auf jedes Heft wurde die Personalnummer geschrieben. Die Teamleiterin Manger, die mich auf den Kieker hatte, sagte eines Tages zu mir, ich hätte Hefte angenommen, die nicht vollgeklebt waren. Ich widersprach: »Das kann nicht sein, denn bevor ich meine Personalnummer draufschreibe, kontrolliere ich genau.«

Ich war mir völlig sicher und da ich mir vorgenommen hatte, bei allem sehr genau hinzuschauen, bat ich in meiner Pause den Teamleiter Bauer, mir die nicht komplett gefüllten Hefte zu zeigen. Er antwortete, das sei nicht möglich, denn er müsste die ganzen Stapel im Safe durchsuchen, wo sie alle aufbewahrt würden. Er beschwichtigte aber und sagte: »Ich habe festgestellt, dass manche Kunden die Marken nicht gut einkleben und sie dann rausfallen.«

Ich war überrascht. Warum wurden volle und nicht volle Hefte gemeinsam auf einem Stapel aufbewahrt? Sofort war mein Gefühl wieder da, dass da etwas nicht stimmte.

Ein paar Tage später wurde ich von der Kollegin Loder, die die Hauptkasse machte, angesprochen, ich hätte ein halb volles Heft angenommen und solle besser aufpassen. Ich war mir sicher, dass das unmöglich war. Als ich sagte, ich wolle es sehen, meinte sie, sie habe es mit übrigen Marken aus meinem Block aufgefüllt. Wie konnte sie das ohne Weiteres tun? Von Herrn Fröhlich, dem ich das erzählte, erfuhr ich: »Das hätte sie nicht machen dürfen. Sollte es so gewesen sein, dann ist die Abrechnung nicht korrekt.«

Das war genau das, was ich auch gedacht hatte. Ich glaube, man wollte einfach, dass ich mich aufrege. Es hat aber nicht geklappt, denn ich war mir meiner guten Arbeit und Aufmerksamkeit sicher. Da Frau Loder schon lange mit Teamleiterin Manger zusammenarbeitet, glaube ich, sie hatte den Auftrag, das zu tun. Herr Bauer hatte mich ja beruhigt in dieser Sache, was Frau Manger vermutlich nicht gefiel, deshalb sollte wohl erneut Druck ausgeübt werden. Wenn andere gegen dich zusammenhelfen, hast du keine Chance.

Am nächsten Tag ging es mir nicht gut. Ich hatte große Atemprobleme und schnappte fürchterlich nach Luft, mittlerweile auch, wenn ich die Treppe nach unten ging. Ich glaube wirklich, diese Art und Weise der Behandlung nahm mir die Luft zum Atmen, schon wenn ich das Gebäude betrat. Nicht umsonst heißt es ja: »Da bleibt mir die Luft weg.« Man traf sich immer vor der Arbeit im Restaurant des Hauses, um noch etwas zu quatschen, bevor die Arbeit losging. Die Kolleginnen merkten gleich, dass ich Probleme hatte, denn ich rang auch am Tisch sitzend nach Luft. Sie fragten mich und ich bestätigte meine Atemnot mit Tränen in den Augen, denn dieses Gefühl ist fürchterlich und sehr gewöhnungsbedürftig. Betriebsrat Fröhlich, der mit am Tisch saß, fragte, wer im Kassenbüro arbeite, er werde anrufen und dem Teamleiter Bauer vorschlagen, mich in der Sportabteilung einzusetzen, damit ich frische Luft hätte.

Keiner wusste, dass sich am Plan etwas geändert hatte. Frau Manger, die eigentlich frei gehabt hätte, war da und sehr aufgebracht wegen des Anrufs. Sie rannte überall herum und suchte mich, denn wir waren mittlerweile aufgestanden und noch zur Toilette gegangen. Sie sagte zu den noch am Tisch sitzenden Kolleginnen: »Wo ist die Stahl? Wenn ich die erwische, die gehört mir!«

Als sie mich dann sah, ich war mit einer Kollegin auf dem Weg ins Kassenbüro, schrie sie mich vor allen zufällig Anwesenden an, was mir einfalle, den Betriebsrat Fröhlich für mich sprechen zu lassen, ob ich nicht alleine reden könne? Der hätte überhaupt nichts zu melden (sie war ja mittlerweile der Betriebsratsvorstand) und sie finde mich unverschämt.

Ich fragte: »Was soll denn die Aufregung, laut Plan wären Sie doch heute gar nicht da. Außerdem hat er von sich aus angerufen.«

Meine Kollegin, die das bestätigen und mir zu Hilfe kommen wollte, wurde mit einer derben Handbewegung zum Schweigen gebracht.

Im Kassenbüro dann sagte sie zur Aufsicht Scheider: »Wenn ich den Fröhlich erwische, der gehört mir.« Dieselben Worte wie bei mir. Sie war sehr aufgeregt. Ich empfand nur Mitleid bei so viel Hass und Neid.

Ich arbeitete dann in der Sportabteilung und war froh, außen vor zu sein, ich hatte keine Lust auf diesen ganzen Schwachsinn.

Als Herr Fröhlich im Laufe des Tages vorbeiging, sprach ich ihn an. »Da haben Sie mir ja was Schönes eingebrockt. Frau Manger denkt, ich hätte Sie beauftragt, bei ihr anzurufen. Und das bei den Problemen, die ich sowieso schon mit ihr habe.«

Er antwortete: »Die hat Komplexe, die müssen Sie einfach in Ruhe lassen.«

Wie sollte das denn gehen, bitte schön? Sie besetzte jede Position, die in meinem Fall für Hilfe nötig gewesen wäre. Und es schien, als sei ich ohne mein Zutun nun auch noch bei diesen beiden zwischen die Fronten geraten. Ich konnte es nicht glauben.

Nachdem ich ein paar Tage überlegt hatte, erbat ich ein ganz offizielles Gespräch mit Betriebsrat Fröhlich. Es musste doch wenigstens einen geben, dem man vertrauen konnte und der einem half, dachte ich. Ich erzählte ihm alles, was schon passiert war, und wollte wissen, was ich dagegen tun könnte.

Wenn er von den Minusstunden gewusst hätte, sagte er, hätte ich diese nicht nacharbeiten müssen, dafür hätte er gesorgt. Er erwähnte wieder die zwei Ordner. Ich denke, da hätte er Druck ausüben müssen, damit ordentlich abgerechnet wird.

»Der Chef kann die kaputte Stempeluhr und die falsch abgerechneten Stunden nicht zugeben. Es käme unheimlich teuer, wenn dann alle ihre echte Arbeitszeit einfordern würden«, erzählte er mir so frei heraus, als wäre es das Normalste auf der Welt, bei den Arbeitszeiten der Mitarbeiter zu mauscheln.

Aber wer würde mir das glauben? Es kann sich keiner vorstellen, welch abartiges Gefühl es ist, diese Dinge zu wissen und nichts unternehmen zu können. Denn Beweise hatte ich nicht und es stünde Aussage gegen Aussage. Wenn es darauf ankäme, würde Herr Fröhlich es sicher abstreiten.

Bei diesem Gespräch erfuhr ich auch, dass er und die Teamleiterin Manger sich wirklich in den Haaren lagen, denn diese hatte ihn reingelegt. Sie hatten abgesprochen, dass sie sich bei der Wahl des Betriebsratsvorstands als Vertretung aufstellen lassen würde. Dann änderte sie kurzfristig ihre Meinung und gewann knapp. Seitdem mobbe sie ihn auch und säge an seinem Bein. Er hat allerdings ein eisernes Bein, welches man nicht absägen kann.

Nun war ich also ohne es zu wollen zwischen die Fronten geraten. Ich fragte mich nach diesem Gespräch, wer mir hier eigentlich wirklich noch helfen konnte.

In einer Pause saß ich mit Herrn Fröhlich am Tisch und stellte ihm diese Frage. Er versprach, auf ihn könne ich mich verlassen. Aber ich blieb skeptisch, denn den Betrug mit den Arbeitszeiten ließ er ja auch zu.

Wir wurden bei diesem Gespräch von Frau Mogler beobachtet. Sie schaute nicht gerade erfreut und ließ ihn sofort an der Information ausrufen. Doch Herr Fröhlich sagte: »Die kann warten, ich mache hier meinen Job.«

Ich hatte ihn gefragt, ob er Zeit habe, und es war seine Idee gewesen, während meiner Pause zu reden, denn er wollte vermeiden, dass ich noch mehr Probleme mit meiner Arbeitszeit bekam. Eigentlich stand mir diese Zeit für ein Gespräch zu. Aber wenn sich nicht einmal der Betriebsrat traut, die Rechte in Anspruch zu nehmen, dann ist es schon allerhand. Es war eine schwierige Situation, aber ich konnte nicht aufgeben, ich brauchte den Job und das Geld. Mir waren meine Gegner bekannt: Herr Spierl, der Chef, der mich ja nicht mal mehr grüßte, seit ich die Sache mit dem Mausgestank erwähnt hatte; die Teamleiterin Manger, die alle Macht hatte und noch dazu Betriebsratsvorstand war, und die rechte Hand des Chefs, Frau Mogler. Ich glaube, sie war von Anfang an beeinflusst von den Lügengeschichten der Teamleiterinnen Manger und Tischler. Sie kannte mich gar nicht so gut, um mich einschätzen zu können. Vielleicht störte sie sich auch an meiner Bezahlung, die nun wesentlich höher war. Meine Fehlermeldungen taten das Übrige. Hier konnte sie die Teamleiterin Manger noch mehr gegen mich aufbringen, denn dieser musste ich die Fehler melden und sie gab es dann weiter.

Auch gute Vorschläge wurden von Frau Mogler boykottiert. Zum Beispiel hatte ich die Idee, eine Waage in die Mitte der Kassenzeile zu stellen, damit Kunden dort selbst ihre Ware wiegen konnten, falls sie es in der Obstabteilung vergessen hatten. Die Waage an der Information war schlecht positioniert, denn wenn dort viel zu tun war, dauerte es ewig, bis der Kunde mit den gewogenen Einkäufen wieder zurückkam und man den Kassiervorgang beenden konnte. Dieses Warten an den Kassen verursachte Ärger bei den nachfolgenden Kunden.

Ich sagte es Herrn Fröhlich und der meinte, das sei eine gute Idee und er werde es weitergeben. Nach ein paar Wochen sagte ich dasselbe auch zu Frau Mogler, als sie bei mir an der Kasse bezahlte. Nachdem ich ergänzte: »Ich habe es Herrn Fröhlich auch schon mal vorgeschlagen«, antwortete sie: »Ja, ja, Fröhlich immer fröhlich« – und das war's. Sie werde es sich überlegen, fügte sie noch hinzu.

Nach einiger Zeit, während ich mit Kolleginnen und auch der Chefin der Sportabteilung, Frau Bägl, am Tisch saß, erwähnte ich meine Idee mit der Waage. Frau Bägl war begeistert. »Was ist daraus geworden?«, fragte sie.

»Nichts. Ich hab nichts mehr gehört«, erwiderte ich.

Da erklärte sie, sie werde das noch einmal bei Frau Mogler ansprechen.

Irgendwann traf ich Frau Bägl wieder und da berichtete sie: »Frau Mogler ist nicht begeistert, denn noch mehr

Papierkram an den Kassen könnten wir nicht brauchen, meint sie.« Sie zuckte die Schultern. Man hätte nur die Obst- und Gemüsenummern aushängen müssen, damit die Kunden nicht lange suchen mussten. Frau Bägl schüttelte dabei ihren Kopf, als wollte sie zu verstehen geben, dass sie das auch nicht begreifen konnte, denn die Idee war gut für die schnellere Abfertigung der Kunden.

Ich wunderte mich über die Aussage bei Frau Bägl, es gäbe zu viel Papierkram an den Kassen. Doch gleich darauf wurden uns täglich, manchmal zweimal am Tag, von Frau Mogler persönlich Zettel mit Angeboten oder irgendwelchen Hinweisen ausgeteilt. Mittlerweile wusste ich ja Bescheid: Sie machte das extra.

Als ich nach meiner langen Pause wegen Krankheit zurückkam, hatte man dann doch die Waage aus der Information genommen und in die Mitte der Kassenzone platziert, allerdings ohne Nummernlisten, weshalb die Kunden an der Waage natürlich minutenlang auf der Suche nach dem Artikel waren.

Wenn es mir gut ging, fand ich das alles trotzdem ganz spannend und wollte sehen, wie es weitergehen würde. Mein Tagebuch hatte mittlerweile schon viele Einträge und ich plante, die Vorkommnisse in einem Buch zu verarbeiten. Solche Machenschaften sollten nicht als Tabuthema gelten und hingenommen werden. Ich hatte mir ganz fest vorgenommen, dass ich mir den Job nicht so einfach nehmen lassen würde. Nach all den Jahren musste wenigstens eine Abfindung drin sein.

Mittlerweile hatte ich auch erfahren, dass die Versetzung in den neuen Markt nicht klappte, und die Art und Weise, wie mir die Teamleiterin Manger das mitteilte, sagte mir, sie war daran nicht schuldlos. Die Schadenfreude stand ihr ins Gesicht geschrieben. Wer weiß, was der zukünftigen Kassenteamleiterin dort erzählt wurde.

Einige Tage später, als ich bei Dienstschluss meinen Umsatz vom Tag im Kassenbüro abgeben wollte (das Geld kam in eine Geldbombe, wir zählten nicht selbst), fand ich eine Telefonkarte zwischen meinen Fünf-Euro-Scheinen. Mir wurde heiß und kalt, denn ich konnte mir das nicht erklären. Ich hatte so eine Karte noch nie in der Hand gehabt. Wie kam die Karte in meinen Schub und noch dazu zwischen die Scheine? Beim weiteren Überlegen wurde es mir ganz mulmig, denn mein Gefühl sagte mir, dass jemand an meinem Geldschub war. Während meiner Arbeitszeit hatte dort jedoch keiner was zu suchen. Bevor ich anfing, kontrollierte ich den Schub und zählte auch das Wechselgeld und alles, was ich bekam, denn dafür leistete ich meine Unterschrift. Deshalb war ich mir sicher, dass diese Karte nicht dabei gewesen sein konnte, denn dann hätte ich sie abgegeben. Ich wusste auch, dass ich sie nicht von jemand angenommen hatte, denn ich würde sie nie zwischen die Scheine stecken.

Bei einem Kassensturz, wie eine Zählung zwischendurch genannt wird, bekommt man Bescheid und liefert den Geldschub bei der entsprechenden Person im Kassenbüro ab, wenn man zur Pause geht.

Dachte man, ich würde die Telefonkarte einstecken, weil es niemand merken würde? Teamleiter Bauer, mit dem ich täglich zusammenarbeitete, wusste, dass ich sehr ehrlich bin, denn ich hatte schon öfter liegen gebliebenes Geld, Geldrollen und Gutscheine im Schub gefunden, bevor ich ihn mit meinem Wechselgeld befüllte, und alles abgegeben.

Die Aufsicht Scheider, die einmal zu mir gesagt hatte, ich tue ihr leid und sie wisse viel, aber sie sage nichts, schaute mich sehr komisch an, als ich ihr die Karte durchreichte. Sie gab sie an den Teamleiter Bauer weiter, worauf auch er mich seltsam anstarrte, was mir mein mulmiges Gefühl bestätigte.

An diesem Wochenende ging mir der Vorfall nicht mehr aus dem Kopf. Ich wollte es geklärt wissen. Keiner hatte an meinem Schub was zu suchen, es war strafbar oder eben ein Kündigungsgrund. Was käme als Nächstes, wenn ich diese Sache einfach unter den Tisch fallen lassen würde?

Das Ganze setzte mir mehr zu als gedacht, denn ich wurde das Gefühl nicht los, es sollte mir etwas untergeschoben werden. Da normalerweise ja nur ich selbst Zugang zu dem Schub hatte, solange ich ihn benutzte, war mir die Sache schleierhaft. Wir bekamen an den Kassen Telefonkarten in abgezählter Menge und manchmal waren es eine oder zwei mehr, was ich gut als Test anerkennen kann, aber diese Art Karte gab es nur an der Information.

Ich erzählte dem Betriebsrat Fröhlich davon und er sagte, da müsse mein Geldschub präpariert werden, um zu sehen, was weiterhin passierte. Da war die Bestätigung meiner Gedanken und Gefühle.

Die angeblich überzogenen Pausen und mir untergejubelten Fehler hauten mich nicht so um wie diese Karte im Geldschub, stellte ich fest. Das belastete mich doch sehr. Ich ärgerte mich schon auch über die verlorene Arbeitszeit. Aber von Betriebsrat Fröhlich erwartete ich keine Hilfe. Wie weit konnte man jemandem glauben, der von verschiedenen Arbeitszeitkonten erfährt und nichts dagegen unternimmt?

Nun war Detektiv spielen angesagt, denn es wurde alles immer verworrener und undurchsichtiger. So viel Falschheit und Lügen waren schon ein starkes Stück. Der Geschäftsleiter Spierl hatte die Belegschaft innerhalb kurzer Zeit von 252 auf 212 Mitarbeiter gekürzt. Nach meinen Erlebnissen bin ich mir sicher, dass es nicht immer mit korrekten Mitteln zuging.

Das mit der Karte ließ mich nicht in Ruhe und ich rief eine Kollegin an, zu der ich sehr guten Kontakt hatte und mit der ich auf dem Heimweg schon darüber geredet hatte. Sie fand es ebenfalls sehr eigenartig. Ich konnte im Hintergrund ihren Mann hören, der bei uns im Lager arbeitete.

Dieser hatte vor kurzem ein Gespräch zwischen Bezirksgeschäftsleiter Lachs und Geschäftsleiter Spierl mitbekommen. Dabei ging es um eine Kündigung von mir und auch seiner Frau, denn wir würden uns nicht an die Anweisungen und Regeln halten und allem widersetzen. Und Freundschaften unter Kolleginnen seien soundso nicht erwünscht. Wir würden hinterm Rücken der anderen reden und sie schlecht machen. Herr Lachs war damit nicht einverstanden, denn er hatte uns eingestellt. Worauf Geschäftsleiter Spierl erwiderte, das sei ihm wurscht. Sein Problem wäre nur, wie er uns loswerden könnte, denn ich hätte ja mittlerweile den Schwerbehindertenausweis und meine Kollegin sei wegen ihres Alters unkündbar.

Mir war der Satz »Das ist mir wurscht!« sehr vertraut, denn ich hatte ihn in meinem ersten Gespräch mit dem Geschäftsleiter Spierl ja viele Male gehört. Da hatte ich wieder einmal spannende Neuigkeiten bekommen und auch eine Bestätigung meiner Gefühle und Gedanken bisher. Das erzählte ich auch der Bezirksbetriebsrätin Oppt, aber alles, was sie dazu sagte, war: »Warum belauscht der Gespräche zwischen den beiden?«

Ich sah das allerdings anders, denn die Mitarbeiter saßen dabei im Aufenthaltsraum, wo es alle hören konnten.

Die Sache mit der Karte geschah ziemlich zeitgleich. Also doch ein Versuch, mir ein Fehlverhalten unterzuschieben?

Leider änderte der Mann meiner Kollegin seine Meinung, als er von der Geschichte erfuhr, und meinte, er könnte sich auch verhört haben. Außerdem empfahl er seiner Frau, sich rauszuhalten, um ihren Job nicht zu verlieren. Na klasse! Hatte ich eigentlich was anderes erwartet? Es bräuchte doch nur ein paar Mitarbeiter, die fest zusammenhalten, um zu zeigen: So geht es nicht weiter! Meine Kollegin glaubte auch nicht, dass ihr Mann sich verhört hatte. Aber wenn ich danach bei ihr anrief und ihr Mann war zu Hause, waren die Gespräche ziemlich kurz.

Seelisch griffen mich diese Tatsachen schwer an, aber ich wollte weiterkämpfen. Ich hatte keinerlei Verständnis für eine solche Behandlung der Mitarbeiter. Mit welchem Recht erlaubte man sich, so mit uns umzugehen? Ich dachte sehr oft darüber nach, kam aber zu keinem Ergebnis.

Da mir die Sache mit der Telefonkarte nicht aus dem Kopf ging und ich Spätschicht hatte, machte ich mich vormittags auf den Weg zur Gewerkschaft. Ich wollte wissen, welche Möglichkeiten ich hatte. Nach wie vor war ich mir sicher, dass jemand an meinem Geldschub war, und ich wollte die Sache aufklären.

Bei der Gewerkschaft sagte man mir, ich hätte das Recht, zu erfahren, wie dies geschehen konnte, und ich solle mich an den Betriebsrat wenden. Ich erfuhr außerdem, dass ich nicht die erste Mitarbeiterin aus dieser Filiale war, die nahe an einem Nervenzusammenbruch bei der Gewerkschaft auftauchte. Sie galt als schlechteste Filiale der Region, was die Zusammenarbeit mit der Gewerkschaft anging. Zur Hilfe und Unterstützung bekam ich den Ratschlag, in Zukunft alle Vorkommnisse mit Datum und Uhrzeit zu notieren und diese Protokolle in die Fächer der Chefs zu legen. Der Betriebsrat solle mir helfen. Man telefonierte auch mit der für diese Filiale zuständigen Dame, Frau Watzmann, die jedoch weder mit mir reden noch mich anhören wollte.

Ich bekam den Eindruck, im Gewerkschaftsbüro war man der Auffassung, wir seien selber schuld, weil wir keinen gescheiten Betriebsrat wählten. Ich bekam einen Prospekt über das Mobbing-Netzwerk mit Adressen, dort könne ich ja dann einen Gesprächstermin machen. Ich saß da, Rotz und Wasser heulend, und das war alles, was ich als Mitglied mit auf den Weg bekam. Das fand ich grotesk und zugleich lächerlich. Da war das unrechte Verhalten in dieser Filiale bekannt, aber mehr Unterstützung kam von dort nicht. Wofür war ich dann Mitglied und bezahlte Beitrag?

Der Betriebsrat Fröhlich war zugleich die Schwerbehindertenvertretung im Haus und die Teamleiterin Manger, die ihn bei der Vorstandswahl übervorteilt hatte, war Betriebsratsvorstand und auch die Vertretung für die Schwerbehinderten, wenn Herr Fröhlich nicht da war. Dies wurde hier in der Filiale von den Mitarbeitern angeblich so gewünscht und auch so gewählt. Ich sage wirklich angeblich, denn die Mitarbeiter selbst sagen etwas anderes. Es irritierte mich, dass Frau Manger auch stellvertretende Schwerbehindertenvertreterin war. Musste man dazu nicht selbst schwerbehindert sein? Man wollte wohl auf jeden Fall vermeiden, dass zu viele verschiedene Mitarbeiter Positionen besetzten, um Mitspracherecht zu haben.

Meiner Kenntnis nach hat eine Person, die eine höhere Tätigkeit, sprich Teamleitung, ausübt, im Betriebsrat nichts zu suchen. Hier aber scheint alles möglich. Für jemand in meiner Position wird die Suche nach Hilfe dadurch zur Odyssee.

Bevor ich an diesem Tag zu arbeiten anfing, machte ich mich auf die Suche nach Herrn Fröhlich. Ich erzählte ihm, was ich bei der Gewerkschaft gehört hatte und dass es mein Recht war, zu erfahren, wie die Karte in meinen Geldschub kam. Er verstand erst nicht, hatte den Fall also schon wieder vergessen. Ich machte ihm noch einmal klar, was ich wollte, und so ging er ins Kassenbüro, um dort mitzuteilen, dass ich Aufklärung verlange. Frau Manger sagte zu ihm, ich würde nur einen Grund suchen, um ins Kassenbüro zu kommen. Das verstand ich nicht.

Als ich dort eintraf, machte die Teamleiterin Manger klare Andeutungen, was sie von meiner Aktion hielt. Sie wollte mich lächerlich machen und provozieren, denn sie versuchte, eine Telefonkarte unter der Tür durch in ein Fach des Tresors zu schieben. Ich weiß nicht, was sie damit beweisen wollte. Wie sollte bei diesen stupiden Versuchen die Karte in den Geldschub und zwischen die Scheine geraten? Endlich hatte sie die Karte reingefummelt und überlegte nun laut, wie sie diese jetzt in das Geldfach bugsieren könnte.

Ich hatte wegen ihrer Spielchen inzwischen so viel Wut in mir aufgestaut, dass ich die Beherrschung verlor. Ich fragte: »Halten Sie mich für doof? Denken Sie, ich weiß nicht, was Sie hier versuchen? Wenn Sie glauben, mich lächerlich machen zu können, dann hören Sie mir mal gut zu ...« Ich erwähnte meine Bekannte, die sie rausgemobbt habe, was sie aber abstritt, bis ich ihr auf den Kopf zusagte, was ich von Frau Füller wusste. Ich hielt ihr auch vor, dass sie die Anweisung, mich in die

Kassenaufsicht einzuarbeiten, nicht umgesetzt und eine Landsmännin meiner Bekannten vorgezogen hatte.

Dazu erwiderte sie: »Wenn es nach mir ginge, würde diese Unruhestifterin niemals an der Info oder Kasse sitzen oder schon gar nicht mehr hier arbeiten.«

Es schien also aus zu sein mit der Freundschaft, denn diese Kollegin ließ sich nicht alles gefallen.

Auch sagte ich ihr, dass mir schon von Anfang an bekannt war, dass ich meinen festen Vertrag nicht ihr zu verdanken habe. Sehr nervös wurde sie, als ich die frühere Teamleiterin erwähnte und was ich darüber wusste. Als ich erzählte, dass Herr Kamp die Kollegin zurückholen wollte, sagte sie nur, das könne der machen, wie er wolle. Sie stritt nicht viel ab von dem, was ich sagte, und nachdem ich dann gegangen war, holte sie sofort die Kollegin Füller ins Kassenbüro. Das bestätigte mir, dass meine Aussagen stimmten.

In der Zwischenzeit hatte jemand auch den Teamleiter Bauer dazu gerufen, der damals über die Aufsicht Scheider die Karte von mir in Empfang genommen hatte. Er sagte nur, er könne sich nicht erinnern.

Wahrscheinlich wusste sich Frau Manger danach nicht anders zu helfen, als sich den Geschäftsleiter Spierl und seine Gehilfin Mogler zur Unterstützung zu holen. Vielleicht hatte der Geschäftsleiter auch etwas mit dem Fall zu tun. Jedenfalls saßen die beiden in meiner Pause gegenüber an einem Tisch, unterhielten sich angeregt und beobachteten mich. Später musste ich dann zum Gespräch antreten und jetzt war auch Frau Manger dabei.

Herr Spierl tobte gleich los, ich solle meinen Kopf untersuchen lassen, denn er mache sich große Sorgen um mich. Er kam mir sehr nervös vor, denn er fragte wiederholt, warum ich die Sache nicht ruhen lassen würde. Die Teamleiterin Manger behauptete sogar, es gebe keinen Ersatzschlüssel für die Fächer im Tresor. Ich konnte das nicht glauben, denn was wäre, wenn mal ein Schlüssel verloren ging?

Das berichtigte die Vizechefin Mogler auch sofort. »Doch, es gibt Ersatzschlüssel«, sagte sie, »aber die sind beim Chef im Schreibtisch und wehe, Sie wollen ihn verdächtigen, das könnte böse Konsequenzen für Sie haben.«

Immer wieder fragte Herr Spierl, was ich mit meinem Insistieren erreichen wolle, ich hätte mich doch korrekt verhalten und solle die Sache ruhen lassen. Er beschimpfte mich als Unruhestifterin und Quertreiberin. Dann erwähnte er auch meine E-Mail und wie sinnlos die gewesen sei und mir doch nichts gebracht hätte. Er drohte, mit mir sofort zur Polizei zu fahren und eine Anzeige gegen mich zu machen, denn ich wäre diejenige, die die Teamleiterin Manger mobben würde.

Auf meine Frage hin, ob er mich loshaben wolle, sagte er: »Wenn ich Sie loswerden will, stecke ich Ihnen ein Päckchen Kaugummi in die Tasche, dann bin ich Sie los.«

Na klasse, dachte ich mir. Eigentlich war es die Bestätigung, die ich brauchte, und immer geradeheraus, vielen Dank. Diese Einschüchterungen ließen mich kalt, dazu hatte ich schon zu viel erlebt. Als ich sagte, er solle mich in eine andere Abteilung versetzen, erwiderte er: »Nein, ich will gar nicht mehr mit Ihnen zusammenarbeiten.«

Mir wurden auch Gespräche mit dem Betriebsrat Fröhlich verboten, der habe nichts zu melden, für mich gebe es nur die Teamleiterin Manger, schließlich sei sie zugleich Betriebsratsvorstand und auch stellvertretende Schwerbehindertenvertretung. Frau Mogler bestritt außerdem, dass im ersten Gespräch das Wort »asozial« gefallen sei. Als ich darauf hinwies, dass Herr Spierl es doch bereits zugegeben und damit begründet hatte, er habe asozial und unkollegial für das Gleiche gehalten, er also den Unterschied nicht einmal kenne, brachte ihn das noch mehr auf die Palme und er tobte erneut los. Ich solle kündigen oder den Aufhebungsvertrag unterschreiben.

Ich war sehr ruhig und gefasst bei diesem Gespräch, ich kannte seine Ausraster ja schon. Ich sagte dazu ganz klar: »Dafür gibt es für mich keinen Grund.« Ich wollte so viel wie möglich im Kopf behalten, um mein Tagebuch zu füttern. Auch war ich sehr vorsichtig mit dem, was ich sagte, denn sie waren zu dritt und ich allein. Bei solchen Gesprächen war der Betriebsrat Fröhlich nie anwesend oder aufzufinden, um einen zu unterstützen. Bei Diebstahl dagegen oder wenn der Spind geöffnet wurde, da war er immer dabei. Geholfen hat er noch niemandem.

Tage später sagte die Vizechefin Mogler zu mir, die Karte müsse im Geldschub gewesen sein, sie hätten extra Inventur gemacht und es gäbe eine zu viel im Hause. Sie scheint bezahlt und vergessen worden zu sein. Ich wusste sicher, das konnte nicht stimmen, denn wie schon berichtet kontrollierte ich jeden Tag den Schub – wenn ich anfing und auch wenn ich ging –, denn ich wollte, dass meine Abrechnung stimmte. Ich sagte, ich würde gern die Liste sehen, bekam diese aber nie zu Gesicht. Mein Gefühl sagte mir, dass es diese Liste gar nicht gab.

Zusätzlich zu diesen Manipulationen fanden auch noch die regelmäßigen Machtspiele statt und ich war mit meinen Nerven am Ende. Ich suchte Hilfe bei einer

Beratungsstelle, wo ich eine Nachricht mit der dringenden Bitte um einen Termin und die nötiger Angaben inklusive meiner Telefonnummer hinterließ.

Zu diesem Zeitpunkt hatte ich auch Frau Oppt angerufen. Ihre Aussagen in diesem Gespräch sind jeweils beim passenden Thema im Text erwähnt.

Während einer Pause erzählte ich Betriebsrat Fröhlich von dem Gespräch mit Herrn Spierl und den Damen Manger und Mogler. Dabei zitierte ich die Aussage mit dem Kaugummi. Er tat entrüstet und fragte: »Hat er das wirklich gesagt? Kann ich mit ihm darüber reden? So etwas geht wirklich nicht.« Ich sagte ja.

Er meinte, ihm sei erzählt worden, die Teamleiterin Manger hätte Angst, bei meiner guten Leistung würde man mich ihr an die Seite ins Kassenbüro setzen und sie werde das mit allen Mitteln zu verhindern wissen.

Deshalb also die vielen Lügen und Gemeinheiten mir gegenüber! Da ich wusste, dass sie die Stundenlisten zu Hause an ihrem PC machte, fragte ich sie, warum ich bei gleicher Arbeitszeit wie meine Kolleginnen immer Minus habe. Sie erwiderte, sie könnte mir jetzt nichts dazu sagen, sei sich aber sicher, dass alles so seine Richtigkeit habe. Ich glaubte es nicht.

Bei meiner nächsten Untersuchung beim Lungenfacharzt waren die Ergebnisse des Lungenfunktionstests dreimal schlechter als beim Termin sechs Monate zuvor. Ich spürte es auch, die Atemnot wurde größer und die Erstickungsangst auch. Immer mehr Medikamente, inklusive Cortison, waren notwendig.

Der Betriebsrat Fröhlich hatte auch mal während eines Gesprächs zu mir gesagt: »Mit Ihrer gutmütigen Art kommen Sie nicht weit.«

Was ist falsch an Freundlichkeit, Kollegialität, Hilfsbereitschaft, Ehrlichkeit usw.? »Sie müssen härter werden!«, waren die Worte einer anderen Kollegin.

Was ich auch machte, es war immer etwas oder sogar alles falsch. Eines Abends, nachdem wieder einmal nicht viel los war, suchte die Aufsicht Slalom Mitarbeiter, die Überstunden hatten, um sie für diesen Tag zu entlassen. Ich sagte, dass ich auch früher heim wolle. Sie fragte im Kassenbüro nach, kam aber dann zurück und erklärte, es ginge nicht, weil ich Minusstunden hätte. Als ich behauptete, das sei unmöglich, holte sie die Liste und zeigte mir meine Stunden. Ich sah, dass tatsächlich zwei Stunden minus eingetragen waren.

Frau Slalom übte zu Beginn meiner Tätigkeit in der Filiale viele Machtspiele aus, woraufhin ich mich bei Frau Manger öfter über sie beschwerte. Diese versprach, mit ihr zu reden, aber es änderte sich nichts. Heute weiß ich, sie erfüllte nur den Auftrag der beiden Teamleiterinnen Tischler und Manger vom Kassenbüro, was mir ja schon bestätigt wurde. Das konnte Frau Manger gut: Sie schickte andere los, um zu intrigieren, und stellte sich selbst dann als Retterin dar. Im direkten Kontakt präsentierte sie sich als die Gute, die so viel Arbeit habe und die Einzige sei, die alles mache und könne. Diese Frau Slalom sagte einmal zu mir: »Sie sind aber schon wirklich eine harte Nuss!« Als ich fragte, wie sie das meine, lachte sie nur.

Frau Slalom hat mir nach Jahren einmal zum Geburtstag gratuliert, worüber ich mich sehr gefreut habe. Ich erzählte es vor lauter Glück der Kollegin Füller, von der ich zu diesem Zeitpunkt noch dachte, sie sei eine gute Kollegin. Die muss es Frau Manger berichtet haben, denn danach war alles wie früher und Frau Slalom grüßte mich nicht einmal mehr. Man muss ihr verboten haben, mit mir Kontakt zu haben.

Die Minusstunden jedenfalls konnten nicht stimmen und für mich gab es nur eine Erklärung: Ich wurde zu allem anderen von der Teamleiterin Manger auch noch in Bezug auf meine Arbeitszeiten betrogen. Etwas anderes war nicht möglich.

Eine jüngere Kassenaufsicht, Frau Scheider, hatte einmal zu mir gesagt, ich tue ihr leid und sie wisse so einiges, aber sie wolle sich nicht einmischen und werde auch nichts sagen. »Warum erzählen Sie mir das dann überhaupt?«, fragte ich sie, aber sie zuckte nur die Schultern.

Da kann ich nur danke sagen! Wie soll man etwas beweisen, wenn sich keiner traut, den Mund aufzumachen? Das spielt doch denen genau in die Hände. So kann man die Mitarbeiter, die man nicht mag, weiterhin mies behandeln. Außerdem sollte man sich klar machen, dass man auch selbst mal gemobbt werden könnte, warum es also nicht schon von vornherein zu verhindern versuchen? Niemand scheint an die Möglichkeit zu denken, selbst in diese Lage zu kommen.

Ich hatte wieder einmal einen Fehler bei einem Angebot entdeckt, der von Frau Mogler eingegeben worden war. Es war nicht das erste Mal. Ich gab diese Fehler immer weiter, ich sah das als meine Pflicht an, es ging schließlich um meinen Arbeitsplatz. Leider machte ich mir bei ihr damit keine Pluspunkte. In der Pause fragte ich einmal die Kolleginnen, ob sie Fehler auch meldeten, worauf diese meinten, diesen Stress würden sie sich nicht antun. Es gab Mitarbeiter, die sorglos mit allem umgingen und trotzdem mehr geschätzt wurden als ich. Wenn ich aber meine Sachen nicht kontrollierte, hätte es passieren können, dass alles nicht mehr stimmte. Komischerweise hatten die anderen keine Probleme. Das zeigte, dass in dieser Filiale gute Leistung und Anstrengung für die Firma nicht honoriert wurden.

Es herrschte so viel Neid und Eifersucht in diesem Laden, es gab nur noch ein Gegeneinander anstelle von Miteinander. Eigentlich schade für die Firma, wenn gute Mitarbeiter derart missbraucht werden.

Im neuen Jahr wurden Schulungen in drei Gruppen angesetzt, ich war für die zweite Gruppe am Nachmittag eingeteilt. Endlich hatte sich auch jemand von der Mobbing-Beratungsstelle gemeldet und ich hatte dort einen Termin am Vormittag desselben Tages. Ich war sehr froh darüber, hatte ich doch von Kolleginnen erfahren, dass die Teamleiterin Manger bei der Schulung in der ersten Gruppe am Ende in eigener Sache mich erwähnt hatte. Ich würde mir einbilden, ich sei die Teamleiterin, und es solle keiner glauben, was ich erzähle. Auch sollte man vorsichtig sein beim Kontakt mit mir oder mir gar nicht zuhören und sich am besten von mir fernhalten. Dabei waren auch Geschäftsleiter Spierl und die Vizechefin Mogler anwesend.

Ich erfuhr von diesen Verleumdungen sehr schnell. In meiner Pause erzählte mir zusätzlich die Kollegin, die früher einmal eine Freundin der Teamleiterin Manger gewesen war, davon. Inzwischen ist auch sie wegen angeblichen Diebstahls entlassen worden. Mir wurde von so vielen berichtet, wie hinter meinem Rücken geredet worden war, dass Abstreiten eigentlich unmöglich gewesen wäre. Aber ich wollte den Kolleginnen nicht auch noch Schwierigkeiten machen.

Die Teamleiterin Manger sah uns zusammensitzen. Sie setzte sich dazu, rauchte und schien mir ziemlich nervös. Sie stellte unnütze Fragen, stand auf, ging, kam nach ein paar Minuten zurück, rauchte wieder und wurde immer nervöser. Dabei hatte sie sich bisher noch nie an einen Tisch gesetzt, an dem ich saß. Die Kollegin meinte zu mir: »Du machst die ganz schön nervös.« Ich musste lachen, denn es geschah ohne mein Zutun, das hatte Frau Manger sich selbst zu verdanken. Sie machte sich selbst fertig.

Wir machten uns dann auf den Weg ins Kassenbüro. Kaum waren wir angekommen, wurde die Kollegin von Frau Manger sofort in den Kassenraum beordert und dort ausgefragt. Sie wollte alles, was wir gesprochen hatten, ganz genau wissen, und sie drohte ihr, sie halte besser ihren Mund über das bei der Schulung Gesagte. Als die Kollegin mir das wiederum erzählte, wurde mir die eigentliche Tragweite und Unverschämtheit erst so richtig bewusst. Frau Manger hatte versucht, die Kolleginnen gegen mich aufzuhetzen, es aber bei den meisten gottlob nicht geschafft.

So war der Beratungstermin sehr günstig, um zu erfahren, wie ich mich verhalten sollte in dieser Situation. Herr Leim von der Beratungsstelle fand das Verhalten meiner Vorgesetzten unmöglich und unwürdig, war aber auch vom Verhalten des Betriebsrats Fröhlich nicht begeistert. Er war der Meinung, ein Gespräch mit diesem Betriebsrat würde die Sache für mich noch verschlimmern. Ich hatte mittlerweile große Angst, man könnte mir einen Diebstahl anhängen wollen, sodass ich ihm meine Sorgen diesbezüglich mitteilte und auch den Fall der früheren Kollegin erwähnte. Ich konnte nicht anders in meiner Situation und war froh, mit jemand von außerhalb darüber reden zu können. Doch er tadelte, ein solcher Verdacht sei nicht angebracht und ich sollte vorsichtig sein, was ich erzähle, man könnte mich schwer belasten. Klar, er hatte nie etwas davon gehört und auf diese paar Sätze von mir konnte er nicht anders reagieren.

Leider hatte ich mir mehr Hilfe und Unterstützung versprochen, als ich bekam. Herr Leim versicherte, dass er mir glaubte, nur habe er das Gefühl, er mache es noch schlimmer für mich, wenn er irgendetwas unternehmen würde. Allerdings bräuchte ich mir nicht gefallen zu lassen, dass die Teamleiterin Manger bei den Kollegen schlecht über mich redet.

Aber was konnte ich dagegen tun? Er lobte mich noch, mit meiner Art zu kämpfen wäre ich der perfekte Betriebsrat. Obzwar nicht selbst verursacht, stellte ich für die Beteiligten einen Konflikt dar. Ich solle mich halt in den Getränkemarkt versetzen lassen, dann wäre alles erledigt. Er werde mit der zuständigen Dame von der Gewerkschaft, Frau Watzmann, ein Gespräch führen.

Aber was half mir das? Allem Anschein nach hatte ich kein Recht, auf meine Gesundheit zu achten. Ich war traurig, enttäuscht und mutlos. Ich ging nach Hause und ließ meinen Tränen, die schon lange wieder einmal geweint werden wollten, freien Lauf. Was nutzten diese Ratschläge, fragte ich mich. Die Gewerkschaft konnte mir hier nicht helfen. Ich war sehr enttäuscht, denn diese Beratungsstelle gehört zum »Netzwerk gegen Mobbing im Großraum Nürnberg«, mit entsprechenden Ansprechpartnern und Begleitern.

Und wo gab es eigentlich wirklich Hilfe, wenn nicht bei diesem Netzwerk? Da ich so unzufrieden war, suchte ich in dem kleinen Flyer nach einer neuen Beratungsstelle und stellte zugleich fest, dass die Gewerkschaft ja auch zu diesem Netzwerk gehörte. Weshalb hatte mich die Dame, mit der ich damals gesprochen hatte, nicht darauf hingewiesen? Ich fand das sehr merkwürdig. Es hatte den Anschein, als sei die ganze Welt gegen mich.

Während meines Besuchs im Büro der Gewerkschaft hatte es Frau Watzmann, die für unseren Markt zuständig war, abgelehnt, mit mir zu reden. Nach dem erneuten diskriminierenden Gespräch mit dem Geschäftsleiter Spierl ging ich ein zweites Mal zu der Gewerkschaft und wurde dort von derselben Person abermals an die Beratungsstellen verwiesen, denn sie hätten Weihnachtsfeier und ich könne doch sehen, dass ich störe. Sie waren dabei, die Tische für die Feier herzurichten. Ich kündigte meine Mitgliedschaft bei der Gewerkschaft, denn ohne Hilfe in meiner Situation nutzte diese mir gar nichts, und warum sollte ich das Geld dafür ausgeben?

Am Tag der Schulung kam tatsächlich nichts, was mich betraf, über Frau Mangers Lippen, stattdessen fragten sie sowie die Vizechefin Mogler mich, ob ich anschließend Zeit hätte, man müsse mit mir reden. Ich sagte ja und sie gaben im Kassenbüro Bescheid, dass ich etwas später kommen würde.

»Da Sie ja schon immer etwas ›Besseres‹ sein wollten«, waren die ersten Worte der Teamleiterin Manger, »habe ich eine gute Aufgabe für Sie.« Was »Besseres« wollte ich nie sein, sondern nur einen anständigen Arbeitsplatz mit entsprechendem Verhalten der Vorgesetzten. Aber ich wusste ja, von wem der Satz kam.

Ich sollte im Getränkemarkt nach dem Rechten sehen, denn da ginge es drunter und drüber. Man denke da an mich und zwei oder drei andere Mitarbeiterinnen, die in Frage kämen. Mein erster Gedanke war: Sie will mich abschieben, damit ich nichts von ihrer üblen Nachrede erfahre. Sie konnte nicht wissen, dass ich schon lange im Bilde war. Mein Verhältnis zu meinen Kolleginnen war spitze, was wahrscheinlich Neid hervorrief, denn es standen ganz wenige auf Frau Mangers Seite, die aber um ihren Arbeitsplatz fürchteten und sich entsprechend verhielten.

Im Getränkemarkt war es immer recht kalt und das ist sehr ungesund für mich, deshalb erwiderte ich, ich müsse mir das gründlich überlegen und dabei auch an meine Gesundheit denken.

Als Teamleiterin und Betriebsratsvorstand befürchtete Frau Manger wahrscheinlich extreme Konsequenzen, falls ich von ihrer üblen Nachrede erfahren und etwas dagegen unternehmen sollte. Ich hatte jedoch leider niemanden, der mir half. Es macht traurig und krank, zu wissen, dass dir wahrscheinlich nicht einmal geglaubt würde. Solche Menschen machen dir immer klar, dass du alleine dastehst. Schon lange ging mir meine Lage am Arbeitsplatz nicht mehr aus dem Kopf. Nachts fand ich keinen richtigen Schlaf mehr, alle Gedanken drehten sich darum und immer hatte ich die Angst im Nacken, auch einen Diebstahl angekreidet zu bekommen. Das war für mich ein Alptraum, denn ich war schließlich Vorbild für meine sechs Kinder.

Während ich anschließend in der Kasse saß, kam die Kollegin Füller zu mir und fragte, ob ich das Angebot, im Getränkemarkt zu arbeiten, angenommen hätte. Ich sagte nein, worauf sie meinte, an meiner Stelle würde sie es tun, zur eigenen Sicherheit. Ich war überrascht. Was wusste sie? Ich erwiderte: »Ich bin doch nicht die Einzige für diesen Arbeitsplatz.«

Da guckte sie mich entgeistert an und sagte: »Doch, das bist du.« Frau Manger hätte es so mit ihr besprochen, woanders sei kein Platz mehr für mich.

Man hatte mich also wieder angelogen, eigentlich wie immer. Das bestätigte meine Vermutung. Außerdem wurde mir klar: Sie ist mit Frau Manger einig. Also war ihre Nettigkeit die ganze Zeit nur gespielt und wurde zum Spionieren für die Teamleiterin eingesetzt. Um an oberster Stelle gut dazustehen, würde sie alles tun. Sie hatte sogar extra ungeplanten Urlaub bekommen, um mich während der Rehabilitation zu besuchen, und auch im Krankenhaus hatte sie mich besucht. Das war ein großer Schock für mich, denn mein Vertrauen wurde von Frau Füller auf das Schlimmste ausgenutzt.

Später am Abend sagte sie dann noch: »Ich mache mir nun Sorgen, denn ich glaube, ich habe dir zu viel erzählt. Am besten, du sagst niemand etwas.« Ich bedankte mich bei ihr dafür.

Das Erste, was ich am nächsten Tag von Frau Manger hörte, war die Frage, ob ich es mir überlegt hätte. Es schien äußerst dringend zu sein, mich außer Reichweite zu bringen. Da ich von Frau Füller wusste, dass ich angelogen worden war, sagte ich: »Nein, habe ich nicht. Mir geht es soundso schon nicht so gut.«

Ich stand nun so unter Druck, dass ich am nächsten Tag zum Arzt ging und eine Krankmeldung bekam. Es war alles furchtbar und unerträglich geworden. Ich konnte keine Nacht mehr richtig schlafen, der Kopf war zum Zerspringen angespannt, ich litt unter Übelkeit und unheimlichen Rückenschmerzen und bei jeder Kleinigkeit hatte ich Tränen in den Augen …

Ich wollte nie arbeitslos sein und von Hartz IV leben müssen. Doch es schien tatsächlich keine Rettung in Sicht. Die Gedanken, die einem da durch den Kopf gehen, möchte ich hier nicht näher beschreiben. Ich bin froh, dass ich meine Kinder hatte, die mich doch immer wieder aufmunterten und mir klar zu machen versuchten, dass das, was ich erlebte, eine Ausnahme war. Sie unterstützten mich so gut sie konnten.

Im meinem Kopf hämmerte immer nur die eine Frage: Warum? Was mache ich falsch? An meiner Leistung konnte es schließlich nicht liegen, denn das war mir ja vom Teamleiter Bauer immer wieder bestätigt worden.

Wenn meine Kinder früh zur Arbeit und Schule gingen, war ich immer noch wach und grübelte. Es war eine schlimme Zeit für sie, denn die Beherrschung, die ich bei der Arbeit aufbringen musste, um immer freundlich und guter Laune zu sein, machte mich zu Hause miesepetrig und zänkisch. Meine Launen waren schrecklich für uns alle.

Mein Befinden wurde immer schlechter, als ob mir weiterhin jemand die Luft zum Atmen nehmen würde. Dazu kam die Angst vor dem Ersticken. Es war einfach ein qualvoller Kreislauf, der kein Ende zu nehmen schien. Irgendwann, als mein Gesundheitszustand immer unerträglicher für mich wurde, vertraute ich mich meiner Hausärztin an. Ich hatte Angst, nicht wieder auf die Beine zu kommen. Sie war nicht überrascht, denn sie hatte sich schon Sorgen um mich gemacht.

Ich bekam von ihr eine ziemliche Ladung Cortison gespritzt und als das nicht half, wollte sie die Verantwortung nicht mehr alleine tragen und schickte mich zur weiteren Behandlung zum Lungenfacharzt. Ich bekam zwei Tage hintereinander Transfusionen und hoffte, dass nun wenigstens die Atemnot endlich vorbei sein würde. Daraufhin besserte sich mein Gesundheitszustand zwar langsam, aber seelisch ging es immer mehr bergab. Panische Angst vor Arbeitslosigkeit und Hartz IV quälte mich. Ich wollte nicht arbeitslos werden, schon gar nicht grundlos oder wegen falscher Behauptungen und Lügen.

Herr Leim von der Beratungsstelle meldete sich noch einmal bei mir, er hatte mittlerweile ein Gespräch mit

Frau Watzmann von der Gewerkschaft geführt. So ziemlich alles, was ich ihm erzählt hatte, sei ihr bekannt und man habe sich geeinigt, dass man bei der nächsten Betriebsratswahl dabei sein werde, damit ein vernünftiger Betriebsrat gewählt und alles korrekt ablaufen würde. Das war ein kleiner Hoffnungsschimmer, aber die nächste Wahl fand erst im April 2006 statt. Jetzt war gerade Anfang 2005 und ich erst mal krankgeschrieben. Zu meiner Überraschung bot er noch an, mir eine Stelle zu nennen, wo man mir bei meinen Bewerbungsunterlagen behilflich sein würde. Das war aber nicht mein Ziel. Mein größter Wunsch war, erst mal wieder fit zu werden.

Irgendwann in dieser Zeit rief der Betriebsrat Fröhlich bei mir an. Das hatte es noch nie gegeben und es weckte ein ungutes Gefühl in mir. Ich nehme an, er merkte, dass es mir nicht gut ging, entsprechend waren seine Worte. Er sagte: »Wenn Sie so weitermachen, werden Sie nie wieder gesund und kommen nicht mehr zur Arbeit, sondern in die Klapsmühle.« Auch äußerte er den Verdacht, ich würde an Verfolgungswahn leiden. Ich sollte aufhören, alles auf mich zu beziehen. »Man hat nun mal Lieblinge und andere, die man nicht leiden kann, dazu gehören Sie. Es geht nicht immer alles so schnell, wie man es sich wünscht.«

Das empfand ich als sehr frech und unverschämt. Ich sagte ihm, er brauche sich da keine Sorgen zu machen, denn ich hatte schon Hilfe bei einem Psychologen gesucht und seitdem konnte ich wenigstens wieder besser einschlafen.

Er habe Gespräche mit Geschäftsleiter Spierl und Bezirksleiter Lachs über mich führen müssen, denn mein Verhalten lasse zu wünschen übrig und ich würde mich in Dinge einmischen, die mich nichts angingen, behauptete Herr Fröhlich. Das wurde diesen bestimmt von der Teamleiterin Manger so hinterbracht, davon bin ich überzeugt. Ich sehe das anders: Man schadete mir und ich sollte mir alles gefallen lassen oder gehen. Das kann ich aber nicht akzeptieren, nicht nach so vielen Jahren. Herr Fröhlich gab dann auch zu, dass ihm klar sei, woher diese Lügen kommen, und dass diese Situation krank machen kann.

Ich fragte mich, was der Betriebsrat für einen Grund hatte, mich anzurufen und mich obendrein mit solchen Worten zu verletzen. Es hatte sich noch nie jemand von den Geschäftsführenden bei mir gemeldet, auch nicht während meiner drei Krankenhausaufenthalte.

Ich musste nicht lange auf eine Erklärung warten, denn nach dem Wochenende rief mich eine Kollegin an, schon früh um halb acht. Man hatte den Teamleiter Bauer wegen Diebstahls oder Unterschlagung mit Aufhebungsvertrag entlassen. Ich war erschüttert.

Man erzählte mir, er soll mit den Personalnummern zweier Kolleginnen Konten manipuliert haben, auch selbst gebastelte Stornokarten hätte er zum Einsatz gebracht, obwohl er an der Quelle für Stornokarten saß.

Zu diesen beiden Kolleginnen gibt es Interessantes zu berichten. Beide sind sehr ehrgeizig und machtorientiert. Eine hatte in der Pause am Tisch sogar öfter gesagt, sie würde alles tun, um ins Kassenbüro zu kommen. Nun hatte sie es geschafft, heute sitzt sie auf seinem Posten. Die andere ist die Freundin des Betriebsrats Fröhlich, die beiden wurden im Restaurant in flagranti erwischt, als er Schließdienst hatte. Wäre dies ein Kündigungsgrund gewesen? Hatte man sich damit in die Hände der Höhergestellten gespielt? Es gibt acht bis zehn Mitarbeiterinnen an der Information. Da fragt man sich schon, warum Herr Bauer ausgerechnet Konten von Kolleginnen mit diesem Hintergrund benutzen sollte. Wie kam er an deren Geheimnummern? Von der zehnstelligen Personalnummer sind die letzten vier Ziffern geheim, die weiß nur der Mitarbeiter selbst.

Weil mir die Sache so merkwürdig erschien, überlegte ich, ob seine Entlassung einen Zusammenhang mit meinem Telefonkartenfall haben könnte. Hatte er seinen Arbeitsplatz verloren, weil ich deshalb keine Ruhe gegeben hatte? Sehr nervös und aufgeregt waren sie ja alle gewesen damals und es waren gerade einmal drei Monate vergangen.

Auch die Kollegin Füller, die mir geraten hatte, das Angebot mit dem Getränkemarkt anzunehmen, wusste Bescheid. Sie hatte bei anderen Kolleginnen Andeutungen gemacht, wo eigentlich noch keiner etwas wissen konnte. Sie war stets in alles eingeweiht oder zumindest gut informiert. Ihre Rolle wurde mir immer klarer: sich »einschleimen« und Freundschaft heucheln, bis man Vertrauen hatte, und dann ausfragen und verpetzen. Ich bin auch darauf reingefallen.

Für mich war klar, dass der Anruf des Betriebsrates Fröhlich etwas mit dieser Entlassung zu tun hatte. Ich denke, Herr Bauer sollte weg sein, bevor ich wieder gesund war, damit ich ihn nicht mehr sprechen konnte. Also vergewisserte man sich, wie lange ich noch krank sein würde. Mein Gefühl sagte mir, dass ich mit meiner Theorie richtig lag.

Um mich zu vergewissern, besorgte ich mir Herrn Bauers Telefonnummer und rief nach ein paar Wochen bei ihm an. Er sagte, er verstehe voll und ganz, dass ich das mit der Telefonkarte wissen wollte, aber er könne jetzt nichts sagen, es sei noch zu früh und er würde eigentlich die zehn Jahre bei dieser Firma lieber einfach vergessen. Er wisse, ich möchte etwas über die Teamleiterin Manger hören, im Moment gehe es aber nicht. Er wollte meine Telefonnummer und meinte, vielleicht werde er mich anrufen. Er fand alles sehr schade, schließlich hätten wir gut zusammengearbeitet. Er sagte mir also nichts Genaues, aber trotzdem genug.

Ich sah es als Bestätigung, dass er den Auftrag hatte, mir die Telefonkarte in den Geldschub zu mogeln. Ich versuchte weiterhin, Kontakt mit ihm zu haben, aber er benutzte dann einen Anrufbeantworter und ging nicht mehr ans Telefon. Deshalb schickte ich ihm einen Einschreibebrief, in dem ich ihn bat, er solle doch bitte Manns genug sein, den Mund aufzumachen, damit solche Dinge in Zukunft verhindert werden könnten. Aber die Einschüchterung war ein voller Erfolg. Wahrscheinlich hatte man ihm gesagt, er habe sich strafbar gemacht, und nicht erwähnt, dass sich der Auftraggeber auch strafbar gemacht hat.

Bei dieser Aktion hatten die Verursacher wahrscheinlich mehr Angst als jeder andere und sahen vermutlich den einzigen Ausweg darin, ihn zu entlassen. Sie hatten sich schließlich alle strafbar gemacht. Ich nehme an, dass auch er von der Kollegin Füller ausspioniert wurde. Er hat sie bei Spätschicht fast täglich heimgefahren und sie nutzte das zu ihrem Vorteil aus. Auch um im Kassenbüro rauchen zu dürfen, was keinem sonst gestattet war. Wieder einmal wusste sie über alles Bescheid.

Ich wünschte, diese Geschichten würden sich im Nachhinein noch aufklären. Das würde mich für mein weiteres Leben sehr beruhigen. Bei den Gedanken an mein Arbeitsverhältnis bekomme ich Gänsehaut, mir wird übel und die Gedanken drehen sich im Kreis. Deshalb denke ich, eine Aufklärung würde mir sehr helfen.

Die Gespräche mit dem Psychologen bekamen mir gut. Er war der gleichen Meinung wie ich: sich nichts gefallen lassen und auf Aufklärung bestehen, so wie ich es bei der Telefonkarte gemacht habe. Doch wie sollte ich die Lügen der Teamleiterin Manger beim Chef unterbinden? Ich kam nicht mal an ihn heran, um mit ihm zu reden.

Nachdem ich damals meiner Hausärztin alles erzählt hatte, vermittelte sie mir über eine Freundin einen Rechtsanwalt und machte auch gleich einen Termin bei ihm, während ich in ihrer Sprechstunde war. Er nahm sich sehr viel Zeit für mich und zum ersten Mal hatte ich das gute Gefühl, dass mir nun irgendwie geholfen wird. Er nannte es auch Mobbing und empfahl mir, auf jeden Fall mein Tagebuch weiterzuführen und alles noch ausführlicher zu beschreiben. Außerdem meinte er, ich bräuchte mir in Wirklichkeit keine so großen Sorgen zu machen, denn so wie es aussehe, sei ich denen immer einige Schritte voraus. Die planten noch und ich wusste schon Bescheid und konnte mich dadurch schützen. Das sei doch eine wunderbare Sache. Er wollte mir Mut machen, glaube ich.

In meinen Überlegungen hatte ich schon sehr oft an Schutzengel denken müssen. Wie sonst lässt sich erklären, dass deren Maßnahmen bei mir nicht fruchteten? Viele andere Mitarbeiter hatten nicht so viel Glück.

Der Rechtsanwalt meldete sich gleich am nächsten Tag wieder bei mir. Er hatte beim Integrationsamt Hilfe für mich arrangiert. Ich sollte anrufen und einen Termin machen, er habe dort schon Vorarbeit geleistet und meine Situation erklärt. Ich freute mich sehr und war ihm unheimlich dankbar, denn jemanden, der mich unterstützte, gab es – außer der Hausärztin im Bereich ihrer Möglichkeiten – schon lange nicht mehr.

Bei meinen ersten Termin bei Frau Bogner vom Integrationsfachdienst platzte einfach alles aus mir heraus, mit Tränen am laufenden Band. Ich war seelisch am Boden und hoffte so auf Hilfe, dass ich die Beherrschung verlor. Wir machten dann einen neuen Termin und Woche für Woche ging ich zum Gespräch dahin, was mir sehr gut tat. Ich hoffte einfach auf Besserung in jeder Lage.

Frau Bogner glaubte, was ich ihr erzählte, und setzte ein Schriftstück auf, damit ihr der Beistand für mich genehmigt wurde. Sie schrieb: »Die Arbeitnehmerin spricht von ›Mobbing‹, die detaillierten Ausführungen hierzu klingen glaubhaft.«

Weiter schrieb sie, dass die von mir geschilderten Vorkommnisse an meinem Arbeitsplatz als Kassiererin ernst zu nehmen seien und von außen herbeigeführt wurden. Es hatte in all den Jahren keine Beanstandungen gegeben, das heißt ich hatte mich immer korrekt verhalten. Auch sie hielt die Versetzung in eine andere Abteilung oder in einen anderen Markt für besser.

Dann brach eine Welt für mich zusammen, denn sie durfte die Gespräche mit mir nicht weiterführen, da ich schon über sechs Wochen krankgeschrieben war und das gegen die Regeln des Integrationsamtes verstieß. Sie gab mir den Rat, über meinen Psychologen bei meiner Krankenkasse eine Gesprächstherapie zu beantragen und mir jemand meines Vertrauens für Gespräche zu suchen. Sie fand, das hätte ich bitter nötig.

Das tat ich dann auch. Die Krankenkasse genehmigte mir die Gesprächstherapie und diese half mir sehr, mich zumindest seelisch einigermaßen zu befreien.

Da ich durch regelmäßige Anrufe immer noch sehr guten Kontakt zu meinen Kolleginnen hatte, wurde mir erzählt, dass Herr Fröhlich, Betriebsrat und

Schwerbehindertenvertreter in einer Person, sein Amt missbraucht und herumerzählt habe, ich müsse zum Nervenarzt. Eine weitere Kollegin bestätigte diese Aussagen, sie hatte mit am Tisch gesessen und es gehört. Ich rief den Rechtsanwalt und Frau Bogner an und berichtete davon, aber es gab keine Möglichkeiten, etwas zu tun. Was erlaubte man sich eigentlich noch alles?

Als ich wieder fähig war, zur Arbeit zu gehen, rief ich Frau Bogner vom Integrationsfachdienst an. Sie werde mich dabei unterstützen, hatte sie versprochen. Als sie mit meiner Arbeitsstelle telefonierte wegen eines Gesprächstermins mit Geschäftsleiter Spierl, wollte Vizechefin Mogler sie ganz frech über meine Psyche ausfragen und stellte entsprechende Fragen. Ich hatte nur dem Betriebsrat und Schwerbehindertenvertreter Fröhlich gesagt, dass ich in psychologischer Betreuung war. So bestätigte sich durch ihr Wissen erneut, dass er seine Schweigepflicht verletzt hatte.

Frau Bogner fragte mich, ob ich einen Rechtsschutz habe, denn das ginge zu weit, und sollte sich Mobbing nachweisen lassen, dann könne es für die Firma teuer werden. Nun schöpfte ich wieder etwas Hoffnung, denn für mich war klar: Alles, was ich nun schon erlebt hatte, konnte nichts anderes sein. Jetzt dachte ich zum ersten Mal daran, dass ich im Fall einer gerichtlichen Auseinandersetzung seit der Kündigung bei der Gewerkschaft Prozesskostenhilfe beantragen müsste. Das wollte ich auf keinen Fall. Hilfe in dieser Form sagte mir nicht zu, da ich vermutete, dann bestimmt nicht so gut vertreten zu werden.

Nach meiner Kündigung der Mitgliedschaft bei der Gewerkschaft hatte ein ehrenamtlicher Mitarbeiter versucht, mich dazu zu bewegen, die Kündigung zurückzunehmen. »Damit Sie Schutz haben im Notfall, in der heutigen Zeit«, so argumentierte er. Bei meiner Erfahrung mit der Gewerkschaft fand ich seine Aussage fast lustig. Nachdem ich ihm einiges erzählt hatte, zeigte er Verständnis und nannte es die falsche Besetzung an dieser Stelle. Tragisch finde ich auch, dass man überall den Hinweis bekommt, man soll sich an den Betriebsrat wenden, der muss einem helfen. Wer das hier liest, weiß, wie oft ich das versucht habe. Bei den Gesprächen in der ganzen Zeit hatte der Betriebsrat Fröhlich immer gesagt, er wisse, woher die Lügen kommen und dass die Art und Weise des Umgangs die Mitarbeiter krank macht. Auf meine Frage, warum er dann nichts unternehme, antwortete er stets mit einer Gegenfrage, nämlich: »Was kann ich tun? Sie ist Betriebsratsvorstand und die Teamleiterin.«

Eine andere Erklärung von ihm war: »Es gibt drei Gruppen in der Kassenabteilung. Mit der ersten Gruppe ist man befreundet und kann sie sehr gut leiden, der zweiten Gruppe steht man indifferent gegenüber und die dritte Gruppe kann man absolut nicht ausstehen – und dazu gehören Sie.«

Seit wann geht es am Arbeitsplatz um mögen oder nicht? Wo ist da das Geschäftsinteresse? Wie gesagt, ich hatte schon immer das Gefühl, dass man hier nicht auf Leistung schaute, nun bestätigte es sich wieder. Man führte nur Gespräche darüber, wie man die teuren Mitarbeiter loswurde, was der Geschäftsleiter im Sinn hatte und diejenigen aus der Gruppe drei in der Kassenzone, die von der Teamleiterin Manger unerwünscht waren. Da wäscht die eine Hand die andere und der Herr Fröhlich weiß es und schaut zu, sozusagen.

Nachdem Frau Bogners Termin mit dem Geschäftsleiter Spierl zunächst verschoben wurde, rief ich sie an, weil ich wissen wollte, ob sie schon einen neuen Termin hatte. Das Gespräch habe doch schon stattgefunden, berichtete sie, sie sei kurzfristig angerufen worden und gleich hingegangen. Der Betriebsrat Fröhlich sei auch anwesend gewesen und habe die Aussagen von Geschäftsleiter Spierl bestätigt.

Da sie sich nicht bei mir gemeldet hatte, war mir klar, dass auch ihr Lügen erzählt wurden, was ich eigentlich nicht anders erwartet hatte. Ich spürte, dass sich trotz des inkorrekten Verhaltens der Vizechefin Mogler bei ihrem ersten Anruf unser guter Kontakt verändert hatte. Danach war unser Verhältnis getrübt, denn ich sah nicht viele Chancen für mich, die Lügen zu widerlegen. Auch nach all der Zeit, die nun schon vergangen ist, bin ich immer noch sehr traurig und die Tränen stehen mir in den Augen, wenn ich das hier schreibe. Die Erinnerungen wühlen alles auf und man erlebt es noch einmal. Ich hoffe aber, es ist nun das letzte Mal. Kann man das Ganze eigentlich irgendwann verarbeiten und vergessen?

Der Betriebsrat Fröhlich hatte mich in der Zwischenzeit angerufen und gefragt, in welcher Abteilung ich denn gerne arbeiten würde. Da mir Kolleginnen berichtet hatten, wo Mitarbeiter fehlten, nannte ich die Drogerie- oder Süßwarenabteilung. Er erwähnte, in der Drogerie seien sogar zwei Plätze frei und er werde mit dem Chef reden. Die Kollegin von der Süßwarenabteilung sei auch schon sehr lange krank und würde wahrscheinlich gar nicht mehr kommen. Er erzählte, dass Herr Spierl zu ihm gesagt hatte, wenn ich wieder hier arbeiten würde, würde ich weiter intrigieren – was ich noch nie gemacht habe.

Mir war klar, dass es schwer werden würde, aber ich hatte mir vorgenommen, stark zu bleiben. Den Wiedereingliederungsantrag mit dem Hinweis, dass ich aus gesundheitlichen Gründen nicht mehr in meiner Abteilung arbeiten sollte, hatte meine Hausärztin entsprechend ausgefüllt. Frau Bogner vom Integrationsfachdienst fand das auch gut für mich und hatte für uns beide einen Termin bei Geschäftsleiter Spierl gemacht. Doch dieser lehnte die Wiedereingliederung sofort ab, denn er hatte angeblich in den Abteilungen keinen Platz für mich, mein Platz sei nur in der Kassenabteilung. Ich erwähnte zwar, dass Betriebsrat Fröhlich mir mitgeteilt hatte, es wären zwei Plätze in der Drogerieabteilung und einer in der Süßwarenabteilung frei. »Da muss er sich getäuscht haben«, bekam ich als Antwort. Damit war das Gespräch schon ziemlich beendet.

Ich wusste von diesen freien Arbeitsplätzen auch durch Kolleginnen. Und wo war Herr Fröhlich überhaupt? Hätte er bei diesem Gespräch nicht dabei sein müssen? Es gab diese Plätze, aber ich wollte mit dem Chef nicht darüber streiten. Im Beisein des Geschäftsleiters sagte Frau Bogner zu mir, ich müsste weiterhin mit Betriebsrat Fröhlich in Kontakt bleiben, damit ich immer auf dem neuesten Stand sei und mich sofort bei Herrn Spierl melden könnte, wenn es Platz gäbe. Der fand das bestimmt sehr lustig, denn er würde es zu verhindern wissen, dass ich etwas erfuhr.

Meine Krankenkasse wollte mir bei der Wiedereingliederung und Versetzung behilflich sein und schickte mir eine Einverständniserklärung, die ich unterschreiben und zurückschicken sollte. Ich rief dort an und sagte, dass ich schon vom Integrationsfachdienst unterstützt wurde. »Das macht nichts«, sagte die Dame von der Krankenkasse zu mir, »wir werden uns auch für Sie engagieren, doppelter Einsatz ist doch viel besser.«

Das hörte sich gut an und ich war so naiv und dachte, die könnten mir wirklich helfen. Als ich einige Zeit nichts gehört hatte, rief ich bei der Krankenkasse an und fragte, ob es Neuigkeiten gebe. Die Dame war sehr enttäuscht und sauer, denn man hatte auch sie angelogen. Man hatte ihr eine E-Mail geschickt mit dem Inhalt, es hätte nie ein Termin mit jemandem vom Integrationsfachdienst stattgefunden. Es war ein einziges Lügenkarussell, was sich da drehte. Ich gab ihr die Telefonnummer von Frau Bogner und sagte, sie könne dort nachfragen, um herauszufinden, wer hier gelogen hat. Als sie sich dann noch einmal bei meiner Firma meldete, wurde ihr mitgeteilt, die Sekretärin, Frau Farth, habe an ihrem ersten Arbeitstag nach dem Urlaub die Post einfach beantwortet, ohne Fragen zu stellen. Man entschuldigte sich und das war's.

Damit hatte sich diese Unterstützung von der Krankenkasse erledigt. Ich kann nicht glauben, was man sich alles traute, um mich schlecht zu machen und als Lügnerin hinzustellen. Diese Zustände machten mich wahnsinnig, aber aufgeben wollte ich trotzdem nicht, denn sieben Jahre Arbeit in dieser Firma sind es auf jeden Fall wert, um eine Abfindung zu kämpfen. Auch will ich allen, die in einer ähnlichen Situation sind, Mut machen und sie wissen lassen, dass es sich lohnt, nicht einfach aufzugeben. Ich glaube fest daran: Wenn jeder gegen solche Maßnahmen zu kämpfen anfängt, werden wir ein Umdenken in der Gesellschaft erreichen. Ich werde jeden mit meinen Erfahrungen unterstützen bis zur Abfindung, das sage ich hier ganz klar und deutlich.

Da schon viele »gegangen worden waren«, war für mich klar, dass ich es ihnen nicht so einfach machen wollte. Noch schlimmer konnte es ja gar nicht mehr werden, dachte ich. Heute bin ich stolz, das ich doch so viel erreicht habe für mich. Ich bin härter, wieder selbstbewusster, aber auch deutlich klarer in meinen Gedanken und Einschätzungen geworden.

Eine Kollegin rief mich an und sagte: »Geh doch mal zu der Betriebsrätin in dem neuen Markt bei dir in der Nähe, denn es wird erzählt, dass sie sich sehr für die Mitarbeiter einsetzt. Einem Kollegen dort hat sie vor dem Arbeitsgericht zum Erhalt seines alten Arbeitsvertrags verholfen.« Diese Betriebsrätin hatte einen sehr guten Ruf, ich kannte sie auch, denn sie hatte bei uns im Geschäft die Arbeit für Aufsicht und Kassenbüro gelernt. Sie hatte mir in dieser Zeit einmal gesagt, sie finde es nicht korrekt, wie wir hier behandelt wurden, so was würde sie niemals tun. Das nutzte mir jedoch sehr wenig, ich konnte sie nicht um Hilfe bitten, denn sie war nicht zuständig bei uns.

Nachdem ich einige Wochen vom Betriebsrat Fröhlich nichts gehört hatte, rief ich ihn an. In seinem Büro erreichte ich ihn nicht, so probierte ich es an der Information, wo seine Freundin arbeitete und er sich recht oft aufhielt. Als er am Apparat war, merkte ich sofort, dass ich ihn im richtigen Augenblick erwischt hatte, denn er war sehr sauer und erzählte mir auch gleich warum. Während seines Urlaubs hatte die Teamleiterin Manger, auch Betriebsratsvorstand, eine Betriebsratsversammlung anberaumt und als erster Punkt war meine Versetzung in die Süßwarenabteilung angesetzt. Sie sorgte dafür, dass mich der Rest der Betriebsräte ablehnte. Denn der Chef hatte ihr erzählt, Herr Fröhlich hätte über ihren Kopf hinweg entschieden und mir versprochen, mich in die Süßwarenabteilung zu versetzen. Das hätte ich ihm bei unserem Gespräch gesagt. Das war wieder so falsch wie fast alles vorher. Herr Fröhlich hatte mir nichts versprochen und ich habe es so auch nie behauptet. Also drehte der Geschäftsleiter Spierl die Dinge, wie er sie für seinen Vorteil brauchte. Der Zwist zwischen Frau Manger und Herrn Fröhlich war ihm ja bekannt, also nutzte er dies für seine Zwecke aus. So schürte er auf meine Kosten die Streitigkeiten zwischen den beiden. Er war fein raus und freute sich garantiert.

Komischerweise hatte ich zu den anderen Betriebsräten immer guten Kontakt, aber hier bewies sich erneut, dass sich keiner traute, eine andere Meinung zu haben.

Herr Fröhlich machte mir am Telefon deutlich, er distanziere sich von dieser Sache, denn er wolle seinen Posten als Schwerbehindertenvertreter nicht in Gefahr bringen. Auf meine Frage, ob es etwas Schriftliches gebe, sagte er: »Klar, es muss alles protokolliert werden. Es liegt auf meinem Schreibtisch.«

Und wieder war ich regelrecht schockiert, was man sich alles erlaubte, ohne Folgen zu befürchten. Die erbärmlichen Machenschaften sind bei allen Mitarbeitern bekannt, also über zweihundert Menschen, die sich nicht trauen, zusammenzustehen und sich zu wehren. Es würde schon reichen, wenn ein kleiner Teil den Mut hätte, den Mund aufzumachen und dem Treiben den Garaus zu bereiten.

Ich wusste, ich durfte nicht aufgeben. Ich hatte weiterhin die Hoffnung, es würde sich irgendetwas ergeben, damit diese Intrigen ein Ende fanden. Deshalb habe ich mich entschlossen, meine diesbezüglichen Erfahrungen der Öffentlichkeit zur Verfügung zu stellen. Diese Art der Machtausübung muss unterbunden werden. Die Menschen müssen erfahren, was ihnen am Arbeitsplatz alles passieren kann, welche Maßnahmen ergriffen werden und auf was aufzupassen ist. Es sollte keiner seinen Arbeitsplatz verlieren, nur weil er besser arbeitet oder jemand neidisch auf ihn ist. Vor allen Dingen möchte ich jedem ans Herz legen, niemals seine Unterschrift auf den Aufhebungsvertrag zu setzen, wenn man sich keiner Schuld bewusst ist – niemals!

Auch bei der Teamleiterin Manger könnte Neid auf mich eine gewisse Rolle spielen. Sie hatte mehrere Fehlgeburten, wurde erzählt, und ich habe sechs Kinder. Da sie sich unbedingt ein Kind wünschte, könnte auch das ein Auslöser für ihre Antipathie sein. Es ist eine Vermutung von mir, wenn ich mich nach der Ursache für ihr Verhalten frage.

Ich hatte später noch einmal ein Gespräch mit Frau Bogner vom Integrationsfachdienst. Über Aussagen von ihr wie »Die gewinnen immer, denn die sitzen am längeren Hebel« oder »Kennen Sie die Geschichte von ›David und Goliath‹?« oder »Wollen Sie, dass man Sie als verrückt abstempelt?« regte ich mich doch sehr auf. Mobbing sei schwer zu greifen, sagte sie auch. Sicher ist es schwer, wenn man es nicht einmal probiert und wie ein Tabuthema behandelt. Klar, wenn es einfacher wäre und strafbar, würde es nicht in so großem Stil praktiziert. Ich war sehr enttäuscht und merkte: Da brauche ich nicht mehr hin.

Wo gilt dies heute noch:

Grundgesetz der Solidarität: *Der Starke schützt den Schwachen.*

Grundrechte:
    Artikel 1: *Die Würde des Menschen ist unantastbar.*
    Artikel 2: *Jeder hat das Recht auf die freie Entfaltung seiner Persönlichkeit …*

Ich halte nichts von der Aussage, die man recht oft liest oder zu hören bekommt: »Suchen Sie sich einen neuen Arbeitsplatz.« Das kann so nicht gehen. Wie soll das für ältere Menschen möglich sein, bei dieser Arbeitsmarktlage? Wie soll man so einfach neu anfangen, nach den oft demütigenden Erlebnissen, die das Selbstbewusstsein untergraben? Wie eine gleichwertige Stelle finden, ohne Einkommenseinbußen hinnehmen zu müssen?

Es gibt mehr als 1,5 Millionen Menschen, die am Arbeitsplatz gemobbt werden, und da ist die Dunkelziffer noch nicht einbezogen. Was das allein die Krankenkassen an Geld kostet! Es wäre angebracht, dass sie die Kosten vom Arbeitgeber zurückfordern können, falls sich beim Arzt oder Psychologen Mobbing als Krankheitsursache herausstellt. Das würde die Firmen zwingen, dies zu verhindern und besser aufzuklären. Es ist sehr schwierig für die Betroffenen, wirkliche Hilfe zu finden. Bis man sich traut, darüber zu reden, gibt es erst einmal falsche Diagnosen, wenn nötig Medikamente, und so geht der Kreislauf immer weiter.

Ich bin mir sicher, dass ich nicht alles weiß, was hinter meinen Rücken stattgefunden hat. Wahrscheinlich ist es auch besser so, denn was ich weiß, hat meiner Gesundheit genug geschadet. Wenn ich heute an einen neuen Arbeitsplatz im Angestelltenverhältnis auch nur denke, bekomme ich Beklemmungen und entsetzliche Kopfschmerzen. Auch meine Rückenschmerzen habe ich noch nicht in den Griff bekommen. Ich weiß nicht, wie es bei mir weitergehen soll, denn die panische Angst, mir könnte wieder dasselbe passieren, kann mir keiner nehmen. Außerdem spielt mein Alter eine große Rolle und die Schwerbehinderung durch die Lungenfunktionsstörung kommt noch hinzu. Ich bin felsenfest überzeugt, dass mir regelrecht die Luft zum Atmen genommen wurde. Ich hatte keine Ahnung, dass dieses Sprichwort wörtlich zutreffen kann.

Irgendwann schaltete die Firma den Betriebsarzt ein. Ich befreite meinen Hausarzt von der Schweigepflicht, denn ich hatte nichts zu verbergen. Ich wollte einfach einen anständigen Arbeitsplatz.

Von Betriebsrat Fröhlich erbat ich die Telefonnummer des Betriebsarztes, weil ich wissen wollte, welche Unterlagen er braucht. Bei diesem Gespräch sagte Herr Fröhlich, es sei von meinem Hausarzt falsch gewesen, ein Gewicht anzugeben, denn nun könne man sagen, in jeder Abteilung müsse schwer gehoben werden. Er kritisierte auch meinen Anwalt, der nicht gut sei. Den hatte ich eingeschaltet wegen der Wiedereingliederungsablehnung und wegen der Sache mit der Betriebsratsversammlung. Ich bestand auf einen leidensgerechten Arbeitsplatz.

Gleichzeitig eröffnete er mir, die Teamleiterin Manger hätte sich wegen der Betriebsratsversammlung während seines Urlaubs bei ihm entschuldigt und der mich betreffende Punkt sei durchgestrichen worden. Damit sei die Sache für ihn erledigt. Da war ich wieder einmal sprachlos. Machte er jetzt selbst bei diesen Kindergartenspielen mit? Daraufhin konnte ich mir nicht verkneifen, ihn auf seine Missachtung der Schweigepflicht hinzuweisen. Vielleicht war das ein Fehler, aber es war die Wahrheit.

War es, weil er abgeschriebene Waren am Flohmarkt verkaufen durfte? Das habe ich von der nach der neuen Wahl stellvertretenden Betriebsrätin erfahren, die mittlerweile auch wegen Diebstahls entlassen wurde. Sie hat den Geschäftsleiter Spierl gefragt, warum er das erlaubt. Da es wieder zwei verschiedene Versionen über diese Geschichte gibt, glaube ich, sie wusste einfach zu viel. Sie erzählte mir auch, sie habe immer versucht, mich wissen zu lassen, dass was gegen mich im Busch ist. Sie habe Andeutungen gemacht und gehofft, dass ich diese erkenne, denn sagen durfte sie mir ja nichts. Also hatte mein Gefühl mich nicht getrogen, als ich dachte, die Versammlungen finden nur noch für Entlassungsgespräche der Mitarbeiter statt. Die Kollegin wurde unter Druck gesetzt, den Aufhebungsvertrag zu unterschreiben, denn man drohte, sonst ihren Mann, der auch in der Firma arbeitete, ebenfalls auf die Straße zu setzen.

Wie kann ein Protokoll einfach geändert und ein Punkt durchgestrichen werden? Das machte wieder einmal deutlich, dass man sich nicht an Regeln und gesetzliche Vorgaben hält. Dies zeigt auch folgender Fall: Die Kollegin Aris (sie hatte sich angeboten, für mich in den Getränkemarkt zu gehen) brauchte Kleingeld. Sie hatte die Scheine zum Wechseln schon neben die Kasse gelegt, damit es schneller geht, wenn die Aufsicht vorbeikommt. Dafür bekam sie eine Abmahnung, angeblich sei das verboten. Leider machten wir es alle so, schon die ganzen Jahre, denn die Aufsicht kann nicht jedes Mal an der Kasse stehen bleiben und warten, bis sie geöffnet wird. Als Frau Aris uns bei dem Treffen vor Arbeitsbeginn von der Abmahnung erzählte, regten wir uns alle sehr darüber auf. Es hatte noch nie eine Anweisung gegeben, welche diese Methode untersagte.

Frau Aris selbst meinte, die Abmahnung sei nicht so tragisch für sie, sie finde schlimmer, dass sie ihre Kolleginnen an Vizechefin Mogler und Teamleiterin Manger verpetzen und verraten sollte, wenn ihr irgendetwas nicht Erlaubtes auffiel. Sie war richtig aufgebracht deshalb. Später sah ich, wie sie von der Teamleiterin Manger aus der Kasse geholt wurde, und dachte: Womöglich bekommt sie nun Schwierigkeiten. Als ich sie in der Pause fragte, ob sie Probleme bekommen hätte, weil sie uns davon erzählt hat, verneinte sie. Aber man hatte die Abmahnung nun umgewandelt und mit angeblich häufigen Differenzbeträgen begründet. Damit musste Betriebsrat Fröhlich etwas zu tun gehabt haben, denn er saß mit am Tisch und hatte gehört, wie wir uns alle aufregten. Geht das, eine Abmahnung einfach umzuwandeln? Meiner Meinung nach ist das nicht erlaubt.

Der Betriebsrat Fröhlich hatte für mich ja inzwischen ein anderes Gesicht bekommen und je mehr diese unmöglichen Angelegenheiten vorkamen, desto mehr bekam ich das Verlangen, denen das Handwerk zu legen. Es gab aber auch ganz schlechte Zeiten, wo ich dem Aufgeben sehr nahe war. Mein Tagebuch war schon sehr gut gefüllt.

Ich hatte dann mehrere Telefongespräche mit dem Betriebsarzt und erzählte ihm auch von den Mobbinggeschichten. Er meinte, ich solle doch die Erwerbsminderung beantragen, wodurch ich nicht so unter diesem Druck und der Belastung stünde. Das ging aber nicht so einfach, denn ich brauchte das Geld und kannte mich damit überhaupt nicht aus. Daraufhin empfahl er mir, mich an die Gesamtschwerbehindertenvertretung der Firma, Frau Waldgruber, zu wenden, die mich sicher sehr gut unterstützen und sich auch durchsetzen würde, damit ich aus dieser Abteilung und an einen anderen Arbeitsplatz kommen könnte. Da flackerte Hoffnung in mir auf. »Herr Fröhlich soll sich mit ihr in Verbindung setzen und einen Termin für Sie machen«, sagte Dr. Wolz. Da hatte ich wieder so eine Ahnung, dass es auf diesem Weg nicht klappen würde, und ich hatte auch Recht damit.

Trotzdem rief ich Betriebsrat Fröhlich sofort an. Er werde sich darum kümmern, waren seine Worte. Nachdem einige Zeit vergangen war und ich nichts gehört hatte, meldete ich mich wieder bei ihm und er sagte, er habe mit ihr gesprochen und sie würde sich melden, sowie sie Zeit hätte, allerdings habe sie viel zu tun.

In der Zwischenzeit hatte ich eine Gesprächstherapie begonnen und redete mir da alles von der Seele, jeweils eine Stunde in der Woche. Das tat gut, konnte mir aber nicht zum Arbeitsplatz verhelfen.

Ich rief den Betriebsrat Fröhlich immer wieder an, denn ich wollte vermeiden, dass er meine Angelegenheit vergaß. Er verneinte jedes Mal. Er habe noch nichts von Frau Waldgruber gehört. Als sich nach einigen Wochen immer noch nichts getan hatte und ich mit der Psychologin darüber sprach, meinte diese, sie vertraue dem Betriebsrat nicht und sie würde an meiner Stelle selbst an diese Schwerbehinderten-Vertrauensperson schreiben und erklären, dass ich mich von Betriebsrat Fröhlich nicht genug vertreten fühle. Auf diese Idee wäre ich nie gekommen, denn ich hoffte immer noch, dass er seinen Job richtig erledigte. Aber ich stimmte zu und sie setzte mir sogar das Schriftstück auf, welches ich dann schrieb und abschickte.

Bei einem Arzttermin fragte mein Hausarzt: »Was wäre, wenn Sie einfach wieder hingingen zum Arbeiten?«

Ich sagte: »Ich weiß es nicht, habe aber selbst schon daran gedacht.« Ich würde in der Kassenzone arbeiten müssen, aber ich wäre näher dran und würde erfahren, was sich in den Abteilungen tat.

Ich dachte darüber nach und schrieb einen Brief an den Gesamtbetriebsrat der Firma, Herrn Tal, wegen eines Termins für ein Gespräch. Ich ließ ihn wissen, dass dieser Brief auch an Frau Waldgruber ging, doppelte Unterstützung konnte nur gut sein. Mit ihm hatte ich ja schon Kontakt und hoffte nun auf zusätzliche Hilfe. Herr Tal rief gleich am nächsten Tag bei mir an und sagte mir, dass Frau Waldgruber kurz vor Weihnachten verstorben sei. Das war hart. Ich fragte ihn, ob das der Betriebsrat Fröhlich wusste, und er antwortete: »Ja, die Nachricht wurde in alle Filialen an die Betriebsräte und Schwerbehindertenvertreter verschickt.«

Ich verstand die Welt nicht mehr! Da hatte doch Herr Fröhlich bei all meinen Anrufen schon diese Information gehabt und gab sie nicht an mich weiter, obwohl er wusste, dass ich auf einen Termin wartete. Jetzt war ich mir sicher, dass er sich nicht für mich einsetzen würde. Ich konnte seine angebliche Unterstützung vergessen. Das bestätigte auch die Aussage von Frau Oppt, er solle seinen Job anständig machen. Weil ich ihn immer erreicht hatte, wenn er gerade wegen irgendetwas frustriert war und er mir dann viel erzählt hatte, war ich für ihn zum Dilemma geworden. Er dachte gar nicht daran, sein Amt als Betriebsrat und Schwerbehindertenvertreter ordentlich auszuüben. Nun glaube ich wirklich, er übernahm diese beiden Posten, weil die Firma nur das »Allerbeste« für ihre Betriebsräte organisiert. Essen und Trinken vom Feinsten bei Versammlungen und Besprechungen, auch immer die besten Hotels für Übernachtungen usw. – das sind seine eigenen Erzählungen.

Ich hatte die Schnauze voll, auf gut Deutsch gesagt! Ich dachte mir: »Jetzt erst recht!«, denn ich hatte wieder viel Kraft und Mut angesammelt. Ich rief den Betriebsrat Fröhlich an und sagte: »Ich bin so weit wiederhergestellt und werde wieder in meiner alten Abteilung arbeiten.«

Er meinte, das müsse er mit dem Chef besprechen. Kurz darauf rief er zurück, ich solle mit dem Chef selbst telefonieren und es ihm mitteilen. Das tat ich dann auch. Falls die gedacht hatten, ich würde mich nicht trauen, so sahen sie sich getäuscht. Dieser sagte allerdings nur, Frau Mogler werde sich bei mir melden.

Ich hatte mir vorgenommen, noch besser auf alles zu achten und jede Kleinigkeit zu notieren. Denn nach allem, was geschehen war, rechnete ich weiterhin mit allen möglichen Attacken. Die Voraussetzungen waren sogar sehr schlecht, denn auf den Betriebsrat Fröhlich konnte ich nicht zählen. Ich setzte alle meine Hoffnungen in den Gesamtbetriebsrat, Herrn Tal, der sich auf meinen Brief hin sofort gemeldet hatte. Das Gespräch mit ihm sollte in einer Woche stattfinden.

Vor Beginn meines ersten Arbeitstages setzte sich Betriebsrat Fröhlich zu uns an den Tisch und hörte zu, wie ich erzählte, ich könnte schon längst wieder arbeiten, wenn man mir einen adäquaten Platz in einer anderen Abteilung angeboten hätte. Er griff mich sofort an und sagte, er habe nicht nur mich zu betreuen, sondern zweihundertzwanzig weitere Kolleginnen und Kollegen. Ich habe nicht ganz verstanden, wieso er das sagte. Fühlte er sich angegriffen wegen seines Nichtstuns? Er schien nervös zu sein. Vielleicht wusste er auch schon von meinem Gesprächstermin mit dem Gesamtbetriebsrat.

Gleich am zweiten Tag fragte die Vizechefin Mogler, ob ich am nächsten Tag kommen könnte, da viele krank seien, es müssten auch nur fünf Stunden sein. Eigentlich hatte ich frei, aber ich sagte ja.

Ich glaube, ich habe noch nie nein gesagt. Vielleicht war es ein Fehler, denn andere sagen nein und haben keine Probleme. Das spürte ich auch gleich wieder, denn anstatt fünf waren sechs Stunden im Plan eingetragen. Das war meine volle Arbeitszeit. Wahrscheinlich sollte ich nicht vergessen, wer hier die Macht hatte. Ich sagte der Aufsicht Uppinger Bescheid, aber sie konnte Frau Mogler nicht fragen, denn die war schon gegangen. Sie zeigte mir den Eintrag, denn sie wollte vermeiden, dass ich denke, sie hätte das veranlasst. Frau Uppinger meinte, wenn sie gewusst hätte, was im Kassenbüro für ein Theater ist, wäre sie lieber in der Kassenzone geblieben.

Frau Mogler hatte es so geplant, da bin ich mir sicher, genauso wie meinen Dienst gleich am ersten Samstag und dazu noch die Spätschicht. Es war mir ja klar gewesen, wie es sein würde, aber ich ärgerte mich trotzdem.

Ich hatte meinen Urlaubswunschschein für das ganze Jahr abgegeben und war sehr gespannt, ob er mir so erfüllt würde. Man hatte mir nämlich in dem Jahr, als ich den Schwerbehindertenausweis beantragte, meinen gewünschten Urlaub ohne Grund geändert und ich hatte es akzeptieren müssen. Für die zusätzlichen Urlaubstage wegen dem Ausweis bot man mir die geänderten Tage an. Es gab wohl nichts mehr, was mich noch erschüttern könnte. Ich denke, ich habe schon alles erlebt.

Einen Tag vor dem angesetzten Gesprächstermin mit dem Gesamtbetriebsrat erklärte Herr Fröhlich, der Termin sei von Herrn Tal abgesagt worden, er hätte keine Zeit. Das fand ich sehr merkwürdig. Warum meldete er sich dann nicht selbst bei mir? Ich wollte auf alle Fälle einen neuen Termin, denn es war ja nichts geklärt. Ich rief an und mir wurde mitgeteilt, die neue Gesamtschwerbehindertenvertretung werde sich bei mir melden. Sie tat es dann auch und welche Überraschung: Es war die Bezirksbetriebsrätin Frau Oppt, mit der ich schon wegen der Telefonkarte telefoniert hatte und deshalb sehr unzufrieden war. Sie kommt aus unserer Filiale und hatte mit allen (Manger, Mogler, Fröhlich) über Jahre hinweg zusammengearbeitet. Ich erfuhr von ihr, dass nicht Herr Tal das Gespräch abgesagt hatte, sondern der Betriebsrat Fröhlich es bei ihm absagte. Ich hatte doch gleich das Gefühl gehabt, dass da etwas nicht stimmte! Er musste dringende Gründe haben, dieses Gespräch und auch einen Termin mit Frau Waldgruber zuvor zu verhindern.

Frau Oppt hatte einen guten Draht zur Teamleiterin Manger. Diese würde sich sehr gut für alle einsetzen, auch für mich, soweit sie wisse, behauptete sie. Lächerlich, dachte ich mir, aber natürlich konnte Frau Manger ihr wirkliches Verhalten nicht erzählen. Frau Oppt meinte auch, sie habe dem Betriebsrat Fröhlich schon oft gesagt, er solle seinen Job anständig machen und wenn er das nicht tut, sei er selbst schuld, wenn er nicht Betriebsratsvorstand wird.

Nun hatte ich einen neuen Termin, aber es waren fast drei Wochen bis dahin. Überall erfuhr ich nur Lügen. Meine große Hoffnung war, dass diese irgendwann auffliegen würden, denn auf Dauer war es nicht möglich, Gespräche zu verhindern.

Ich war in die andere Gruppe versetzt worden, mit der ich die ganzen Jahre über fast keinen Kontakt gehabt hatte. Außerdem wurde ich an Kassen eingesetzt, wo ich mit dem Rücken zum Geschehen saß. An diesen konnte ich nicht so gut arbeiten. Auch das sehe ich als Schikane. Es wurde nichts ausgelassen. Ich fand einen Weg, der mir zumindest die Arbeit an den verkehrten Kassen erleichterte: Ich kassierte im Stehen, so ging es besser, schneller und leichter. Das war allerdings nicht erwünscht, denn ich überragte alle. Auch diejenigen, die mich nicht sehen wollten, waren gezwungen, meinen Anblick zu ertragen. Hauptsächlich der Vizechefin

Mogler, die nun die Planung meiner Arbeitszeit selbst übernommen hatte und herumerzählte, sie sehe rot, wenn sie meinen Namen höre, konnte das nicht gefallen. Es schien ihr ja ganz schlecht zu gehen, wenn sie mich stehend kassieren sehen musste, was ich auch sehr schnell feststellen konnte, denn für die kommende Woche wurde ich im Getränkemarkt eingeteilt.

Ich ging gleich zu ihr, als ich das im Plan sah, und sagte, dort könne ich aus gesundheitlichen Gründen nicht arbeiten, denn die Kälte schade mir. Alles, was sie erwiderte, war: »Ich werde mal schauen.«

Hat sie aber nicht, denn Frau Manger empfahl mir später, ich solle mich nächste Woche für die Arbeit im Getränkemarkt warm anziehen. Es hatte also nichts genutzt, mit der Vizechefin geredet zu haben. Die Teamleiterin Manger zuckte die Schultern und sagte, sie erfülle nur deren Auftrag.

Am nächsten Arbeitstag nun verlangte ich den Chef persönlich, um ihm meine Angst, schlimmer krank zu werden, mitzuteilen. Er sagte kurz und knapp: »Getränkemarkt oder zum Arzt und krankschreiben lassen!«

Er hat die Pflicht, die Gesundheit seiner Mitarbeiter zu schützen. Da man darauf keine Rücksicht nehmen wollte, sagte ich: »Dann muss ich leider wieder gehen, denn ich werde nicht zulassen, dass meine Gesundheit noch mehr leidet.« Mir wurde klar gemacht, ich würde nicht entlohnt werden, weil ich keinen Einsatz zeigte, aber ich ging trotzdem. Die Kollegin Aris bot sich an, mit mir zu tauschen, sie geht gerne in den Getränkemarkt. Das wurde aber nicht genehmigt. Ganz klar, man wollte mir schaden und mich loswerden.

Ich hatte meinen guten Willen zum Arbeiten gezeigt, leider ohne Erfolg, also ging ich wieder nach Hause. Dies wiederholte sich am nächsten Tag. Dann rief ich beim Gesamtbetriebsrat Tal an. Er war unterwegs, deshalb machte ich der Sekretärin die Umstände klar. Sie empörte sich: »Das grenzt ja schon an Mobbing!« Sie verstand also meine Situation, aber helfen konnte sie mir nicht.

Ich hatte den Betriebsrat Fröhlich gefragt, warum er den Termin, den ich mit Herrn Tal ausgemacht hatte, einfach absagt und mich dazu auch noch anlügt. Er antwortete, er sei der Meinung gewesen, da ich wieder arbeite wäre der Termin nicht mehr nötig. Hätte er als anständiger Betriebsrat nicht zuerst mit mir darüber reden müssen? Vermutlich hatte er doch viel zu verbergen und deshalb Angst, es könnte beim Gespräch etwas herauskommen.

Am dritten Tag ging ich dann zum Arzt und ließ mir wieder ein neues Attest schreiben. Es dauerte etwas länger, deshalb rief ich an und sagte Bescheid, dass ich noch beim Arzt war. Geschäftsleiter Spierl, der selbst am Telefon war, meinte, es sei in Ordnung. Für die zwei Tage verlangte man eine Krankmeldung von mir. Ich sagte: »Ich war nicht krank und habe meinen guten Willen zum Arbeiten gezeigt.«

Als ich das Attest beim Chef abgeben wollte, machte sich die Vizechefin Mogler meiner Meinung nach ziemlich lächerlich, denn sie nahm das Attest an sich und behauptete, das müsse geprüft werden, es könnte ja falsch sein. So dauerte es erst einmal eine Ewigkeit. Ich blieb an diesem Tag in der Kassenzone. Am nächsten Tag sah ich, dass mir ein Gutschein im Wert von zwanzig Euro bei der Abrechnung vom Vortag fehlte. Es war der einzige, den ich angenommen hatte an diesem Tag. Mir hatte noch nie ein Gutschein oder eine hohe Summe an Geld gefehlt. Es ist schwer zu beschreiben, was ich in diesem Moment dachte. Nur zwei Tage später fehlte mir erneut eine größere Summe, nämlich 28,98 Euro. Was bezweckte man damit? Ich kann mir nur vorstellen, dass man so handelte, damit ich mich aufrege, da man wusste, wie ich mich ärgerte, wenn auch nur ein Euro in meiner Kasse fehlte. Mir wurde auch früher von Frau Tischler immer gesagt: »Warum regen Sie sich auf? Sie haben doch ganz selten Differenzen, wäre gut, wenn es bei jedem so wäre.«

Daraufhin machte ich an meinem Computer Tabellen für jedes Jahr mit meinen Differenzbeträgen, die ich schon lange in meinen Kalender eingetragen hatte. Man konnte ja nie wissen.

Eine neue Aktion der Vizechefin Mogler erlebte ich schon bald darauf. Nach einer Krankheit rief ich im Kassenbüro an und es wurde mir mitgeteilt, mein Anruf würde von Frau Mogler schon erwartet. Ich wurde vom Kassenbüro aus mit ihr verbunden. Sie antwortete jedoch nicht, sondern hatte den Hörer neben das Telefon gelegt. Ich konnte alles hören, also war auch die Verbindung da. Ich dachte noch, vielleicht ist sie mit etwas Wichtigem beschäftigt, und wartete. Nach über einer halben Stunde warten kam mir der Gedanke: Sie wird nicht drangehen, denn sie will dich ärgern. Sie weiß sicher, dass die Verbindung steht.

Ich wartete noch kurz und legte dann auf. Als ich später erneut anrief, sagte man im Kassenbüro, es sei keine Verbindung zustande gekommen und sie selbst behauptete, sie habe nichts bemerkt. Sie merkt also nicht, wenn sie den Hörer danebenlegt?

Endlich fand das Gespräch statt, obwohl ich mittlerweile keine großen Hoffnungen mehr für mich hatte. Zu meiner Überraschung kam auch Frau Bogner vom Integrationsfachdienst dazu. Sie hatte den Betriebsrat Fröhlich um Erlaubnis gebeten und er hatte zugestimmt.

Mir war es egal, ich würde das sagen, was ich für nötig hielt. Eigentlich wollte ich vor allem mit dem Gesamtbetriebsrat Tal sprechen, aber die Gesamtschwerbehindertenvertretung Oppt, die mit allen bekannt war, übernahm gleich die Gesprächsführung. Ich hatte den Eindruck, es war mit der Teamleiterin Manger und dem Betriebsrat Fröhlich so abgesprochen. Man hatte Frau Bogner vielleicht deshalb kommen lassen, um es vor Herrn Tal korrekt aussehen zu lassen.

Sie sagte, Geschäftsleiter Spierl werde zu diesem Gespräch nicht kommen, er habe keine Lust mehr zu reden, er hätte schon genug mit mir geredet. Das stimmte ja nun auch wieder nicht. Es gab nur vier Gespräche – bei zweien davon hatte er sich ohne Anstand benommen und die anderen beiden haben ja auch nichts bewirkt.

Man warf mir vor, ich hätte nach so langem Krankenstand nicht einfach so wieder arbeiten dürfen, sondern eine Wiedereingliederung beantragen müssen, die mit dem Hausarzt ausgearbeitet wird. »Die hat Herr Spierl doch abgelehnt«, sagte ich. Betriebsrat Fröhlich tat, als wüsste er davon nichts.

Ich fragte, ob es möglich wäre, mich in den neuen Markt zu versetzen, das wäre das Beste für mich. Ich bekam nur noch ein paar Wochen lang Krankengeld, dann hätte ich zur Agentur für Arbeit gehen müssen. Das wollte ich auf jeden Fall vermeiden. Diese Tatsache brachte Frau Oppt sogleich auf eine Idee. Sie sagte, sie habe ein paar Tage zuvor gehört, dass ein Arbeitsplatz an der Selbstbedienungskasse in diesem Markt frei würde. Ich solle zum Arzt gehen, mich krankschreiben lassen, aber so, dass es die Firma nichts kostete, dann würde sie sich für mich einsetzen. Ich hatte ein ungutes Gefühl bei der Sache. Sie trieb mich regelrecht an das Telefon im Betriebsratsbüro, damit ich mit meinem Hausarzt gleich einen Termin ausmachte. Es war öfter besetzt und sie drängte mich immer wieder, es zu probieren. Endlich klappte es dann und ich erfuhr, dass mein Hausarzt die ganze Woche über im Urlaub war. Danke an meine Schutzengel!

Frau Bogner ging früher, denn sie hatte noch einen anderen Termin, und danach hieß es: »Gut so, die muss nicht alles mitbekommen!« Das waren die Worte der Schwerbehindertenvertretung Oppt. Und ich dachte immer, die müssten zusammenarbeiten!

Der Betriebsrat Fröhlich hatte viele Lügen parat. Teamleiterin Manger bestätigte zumindest die Sache mit dem Kaugummi, zu allem anderen hatte sie ihre eigenen Geschichten. Frau Oppt behauptete, ich hätte mit ihr einen Termin gehabt und wäre einfach nicht erschienen. Doch davon hatte ich gar nichts gewusst. Ich hatte mich nur gewundert, denn bei einem Telefongespräch mit Herrn Tal richtete dieser mir schöne Grüße von der Bezirksbetriebsrätin Frau Oppt aus und sagte, sie fand es schade, dass sie mich nicht angetroffen hat, den sie hätte gerne mit mir ein Gespräch geführt. Ich fand heraus, dass man ihr erzählt hatte, ich sei schon weg, obwohl ich noch arbeitete. Ein starkes Stück!

Als ich den Betriebsrat Fröhlich fragte, weshalb man dieses Gespräch verhindert hat, zuckte er nur die Schultern. Das verstand ich nicht und schaute ihn entsprechend an, woraufhin er sagte: »Seien Sie doch nicht so misstrauisch!« Aber wie sollte ich nicht argwöhnisch sein, wenn ganz offensichtlich die Tatsachen verheimlicht und verändert werden?

Über die Sache mit dem Kaugummi regte sich dann der Gesamtbetriebsrat Tal doch auf und fand solche Worte nicht angebracht. Das war der einzige Punkt, zu dem er einen Kommentar abgab. Ich denke, er wurde schon vor diesem Gespräch von Frau Oppt belogen und entsprechend war auch sein Verhalten. Ich hatte mir wirklich mehr Hilfe von ihm erwartet.

Sie meinte, sie würde den Bezirksgeschäftsleiter Lachs und den Personalleiter Baumann überreden müssen, das wäre nicht einfach. Sie mache sich aber keine großen Sorgen, denn sie erreiche alles, was sie wolle. Dies wäre allerdings nur mit Wiedereingliederung möglich. Ich müsste halt erst einmal in den sauren Apfel beißen, mich zunächst krankmelden und dann zur Agentur für Arbeit gehen, denn es ginge nicht so schnell. Mein Gefühl sagte: Glaub ihr kein Wort!

Es war ein ziemlich langes Gespräch und anschließend wollte sie noch mit mir alleine reden. »Sie sind ganz anders, als Sie mir beschrieben wurden«, sagte sie zu mir. Das bestätigte meinen Verdacht, dass man schon vorher die ganze Situation mit ihr besprochen und geplant hatte. Dachte sie, ich falle auf ihre schönen Worte herein und bin in ein paar Wochen weg von der Firma? Sie versuchte nur, den Plan von Geschäftsleiter Spierl auf diese Weise durchzusetzen. Ich traute ihr schon seit dem ersten Telefonat nicht, da sie selbst ihren guten Draht zu der Teamleiterin Manger erwähnt hatte.

Den Betriebsrat Fröhlich müsse sie immer öfter aus dem Chefsessel heben, denn da setze er sich gerne rein, obwohl er da nichts zu suchen habe, erzählte sie mir. Ich erwähnte, dass die Betriebsrätin des anderen Marktes sehr gut sein soll und einen Kollegen vor dem Arbeitsgericht sehr unterstützt habe. Daraufhin sagte Frau Oppt, das stimme überhaupt nicht, sie habe dort auch Probleme mit einem Schwerbehinderten, machte dabei aber ein komisches Gesicht.

Manchmal kam mir der Gedanke, die verstorbene Schwerbehindertenbeauftragte Frau Waldgruber gehörte nun zu meinen Schutzengeln, denn ich spürte mehr Kraft, fühlte mich freier und lockerer, aber auch kampfbereiter. Ich hatte sie immer in meine Meditationen mit einbezogen und glaube fest daran, dass es hilft. Vielleicht gibt sie mir wirklich die Kraft für das, was ich mache. Ich bin mir sicher, der liebe Gott lässt mich nicht im Stich, und bekanntlich versetzt der Glaube Berge. Deshalb fühle ich mich verpflichtet, all diese Lügengeschichten der machtbesessenen Mitarbeiter, das schöntuerische Gehabe des Betriebsrats, das kriecherische Verhalten der Kolleginnen, den Betrug mit den Arbeitszeiten und alles andere hier öffentlich darzustellen.

Frau Oppt wollte meine Handynummer, um mir schnellstens Bescheid zu geben, wenn sie was erreicht hatte. Sie sagte, sie wisse, dass die Vizechefin Mogler ein »Biest« ist und sich alles erlauben kann, aber was könne sie dagegen tun? Seit einiger Zeit mobbe sie sogar auch die Teamleiterin Manger. Das aber erregte bei mir kein Mitleid. Es bestätigte mir nur zwei bekannte Lebensweisheiten: »Wer andern eine Grube gräbt, fällt selbst hinein« und »Was du nicht willst, das man dir tu, das füg auch keinem andern zu«.

Kann eine Firma gegen so eine Person wirklich nichts machen, oder will sie gar nicht? Sie wolle nicht, dass ich ihre Worte vom Biest herumerzähle, bat mich Frau Oppt. Warum eigentlich nicht, wenn es stimmt?

In meinem Urlaub kaufte ich in dem neuen Markt ein und traf dort eine frühere Arbeitskollegin, deren Versetzung damals von der Teamleiterin Manger unterstützt worden war. Ich sprach sie wegen des freien Arbeitsplatzes an der Selbstbedienungskasse an. Sie sagte, da ist und wird nichts frei, denn die Kassiererinnen und Kassierer übernehmen das im Wochenrhythmus selbst.

Und schon wieder war ich belogen worden! Die Lügen klärten sich von selbst – als ob manchmal höhere Mächte mitspielten. Nachdem ich mir noch einmal alles hatte durch den Kopf gehen lassen, rief ich bei Frau Bogner vom Integrationsfachdienst an und fragte nach, ob dieser Vorschlag wirklich die einzige Möglichkeit zur Versetzung wäre. Sie sagte: »So wie es aussieht ja.« Sie machte mir dann noch ein Kompliment und meinte, ich hätte mich tapfer geschlagen. Was nutzte mir das? Beim Integrationsfachdienst gab es also auch keine Hilfe und ich frage mich mittlerweile wirklich, ob wir diese Einrichtungen überhaupt brauchen, wenn keiner hilft.

Einen Tag nach diesem Gespräch bekam ich meinen Urlaubswunschschein zurück, ohne Eintragungen. Die Kollegin Uppinger zuckte nur die Schultern, als ich sie entgeistert ansah. Mir wurde klar, dass man mich hier schon als ausgeschieden zählte. Das machte mich erneut sehr sauer, aber auch wieder mutiger. Ich bekam eine schöne Sammlung dieser fragwürdigen Methoden zusammen.

Ich wollte und konnte nicht glauben, dass der Vorschlag von Frau Oppt die einzige Möglichkeit sei und rief bei ihr auf dem Handy an, um vielleicht einen anderen Weg zu finden. Ich teilte ihr mit, dass mein Hausarzt mich nicht krankschreiben werde, weil ich es eben nicht sei. Ich wollte auch nicht, dass er es tut, wo kämen wir da hin? Sie rastete völlig aus und tobte am Handy. »Entweder so wie ausgemacht«, sagte sie in scharfem Ton, der mich wohl einschüchtern sollte, »oder Sie müssen alles akzeptieren, auch den Getränkemarkt.« Nun war klar, dass ihre Freundlichkeit nur gespielt war. Alles sollte nach ihrem Kopf gehen. Das Gespräch war sehr schnell beendet.

Wieder einmal waren meine Schutzengel zur Stelle, die mich schon so oft vor den Lügen und Bösartigkeiten beschützt haben. Ich habe Arthrose im Daumengrundgelenk und trug deshalb an der Kasse immer einen Verband. Eine Kundin hatte mir die Adresse eines Arztes gegeben und gesagt, ich solle da mal hingehen. Mein Termin fiel genau in die Woche mit diesem Gespräch. Und siehe da, der Orthopäde schrieb mich drei Wochen krank. Ich war begeistert. Leider würde es die Firma nun doch Geld kosten. Aber ich hatte drei Wochen, um mich seelisch wieder aufzubauen, und es bekam mir sehr gut.

Ich erzählte meinem Hausarzt von Frau Oppts Vorschlag und er sagte sofort, er hätte mich niemals krankgeschrieben, wenn ich nicht krank bin. Er würde mich nur aus dem Verkehr ziehen, wenn es gesundheitlich dringend notwendig wäre. Das zu wissen war in dieser Zeit ein gutes Gefühl. Er verstand das Verhalten der Geschäftsleitung und des Betriebsrats auch nicht und wollte mir helfen, meinen Arbeitsplatz nicht zu verlieren. Es ist in so einer Situation sehr wichtig, mit seinem Hausarzt zu sprechen – in welcher Lage man ist und welches Ziel man verfolgt. Ein aufgeklärter Arzt kann einem am besten helfen. Ich bin ihm unheimlich dankbar.

Anfang der nächsten Woche bekam ich eine SMS von Frau Oppt, die wissen wollte, ob ich beim Arzt gewesen sei und was er gesagt hatte. Ich antwortete ihr nicht, schließlich war ich krankgeschrieben.

Dann arbeitete ich wieder und bei der Planung meines Urlaubs stand ich am Schreibtisch von Teamleiterin Manger. Sie zündete sich sofort eine Zigarette an, zog heftig daran, blies den Rauch in meine Richtung und lud auch ihre Kollegin Blado zu einer Zigarette ein. Von beiden Seiten qualmten sie mich ein. Beiden war klar, dass ich Lungenfunktionsstörungen habe und nicht mehr rauche. Es wurde einfach alles getan, um mir zu schaden. Es gefiel ihnen wohl nicht, dass es mir zurzeit gut ging und ich mich zur Wehr setzte. Frau Blado war neu, aber bei solchen Maßnahmen schon voll mit dabei. Ich finde es schade, dass es solche rücksichtslosen Menschen gibt. Ich hatte noch beim Eintreten ins Kassenbüro gehört, wie Frau Manger zu ihrer Kollegin sagte: »Nicht mehr lange!«

Durch meine Lungenfunktionsstörung ist mein Immunsystem gestört und ich bin sehr anfällig für Erkältungen und Viren. Da es im Getränkemarkt kalt ist und sich meine Krankheit dadurch schnell verschlimmern würde, habe ich einfach Angst, dort an der Kasse zu sitzen und mir damit selbst zu schaden.

Als ich nach einer Krankheit meine Arbeitszeiten für die kommende Woche vom Plan notierte, war er weiß und ich war nicht für den Getränkemarkt eingetragen. Doch das änderte sich über Nacht. Nun stand ich drin, und zwar auf gelbem Papier, vermutlich damit ich es gleich sehen würde. Ich war verzweifelt. Warum machte man das? Warum nahm man keine Rücksicht, zumal ich gerade erst eine Grippeerkrankung hinter mir hatte?

Ich teilte Frau Scheider und Frau Uppinger im Kassenbüro mit, ich würde da nicht hingehen und meiner Gesundheit schaden. Sie schauten mich an, als täte ich ihnen leid, sie hatten ja mit dem Plan nichts zu tun. Ich sah Frau Scheider telefonieren und kurz darauf erschien Betriebsrat Fröhlich und sagte: »Wir haben beschlossen, dass Sie in den Getränkemarkt gehen. Es sind normale Temperaturen und es schadet Ihnen nicht. Mit Ihrer Haltung kann ich Ihnen nicht mehr helfen.«

Ich antwortete, an die ganzen letzten Monate denkend: »Das wollten Sie ja auch gar nicht.«

Er behauptete, das wäre eine Unterstellung. »Sie riskieren Ihren Job, wenn Sie jetzt wieder gehen«, sagte er noch. Da saß er nun im Chefsessel, wie von Frau Oppt erwähnt, und spielte den Vorgesetzten, denn der richtige Chef, Herr Spierl, war im Urlaub, wie ich später erfuhr. Herr Fröhlich brachte mir eine schriftliche Arbeitsaufforderung zu Hause vorbei. Unterschrieben hatte dieses Schreiben der stellvertretende Geschäftsleiter, der bestimmt nicht die Wahrheit erzählt bekommen hat.

Wenn im Getränkemarkt normale Temperaturen herrschten, warum zog sich dann jede dort eingesetzte Kollegin warm an? Es ging keine rüber ohne Jacke und feste Schuhe. Im Herbst und Winter trugen viele der Kolleginnen Schal und Handschuhe.

Ich ging wieder zum Arzt und strengte dann eine Klage auf einen leidensgerechten Arbeitsplatz an. Bis zu einem Gerichtstermin kann es aber dauern. Die Klage lief also, aber das hielt dort niemand davon ab, meiner Gesundheit weiter schaden zu wollen. Ich schätze, es ärgerte alle, die sich gegen mich verschworen hatten, noch mehr. Denen waren meine Rechte doch wirklich egal. Die sparten Geld, weil sie mich als Schwerbehinderte beschäftigten, aber entsprechende Rechte wollte man mir nicht zugestehen. Das sah ich nicht ein, vor allem weil es um meine Gesundheit geht.

Als ich mich wieder gesund meldete, warnte mich die Teamleiterin Manger, sie hätte Urlaub und die Vizechefin Mogler würde den Plan machen. Mich wunderte diese Warnung, aber sie erklärte, es gebe jetzt nur noch drei, die über alles bestimmten, nämlich der Geschäftsleiter Spierl, Vizechefin Mogler und der Betriebsrat Fröhlich, der seit der neuen Wahl auch Vorstand war. Dieser spielte nun seine Macht aus, das hatte ich ja schon bemerkt. Normalerweise hätte er mich unterstützen müssen.

Und tatsächlich stand ich wieder für den Getränkemarkt im Plan. Das Gebläse im Getränkemarkt verhindert, dass kalte Luft von draußen reinkommt, aber es wärmt nicht und die Heizung ist meistens aus oder wird nur kurz angemacht, erklärte mir der Teamleiter von dort.

Meine Atteste, inzwischen auch vom Lungenspezialisten, zeigten keine Wirkung. Man hatte sich vollkommen darauf eingeschossen, dass ich entweder machte, was die wollten, und damit meiner Gesundheit schadete, oder ich konnte gehen. Meine Angst vor neuen Erkrankungen interessierte niemand. In einem der vielen Atteste des Lungenspezialisten hieß es »… trotz umfangreicher Therapiemaßnahmen liegt eine fortgeschrittene chronische Atemwegserkrankung vor mit schwergradig eingeschränkten Funktionsparametern. Im Rahmen von Infektexacerbationen kam es in der Vergangenheit zu bedrohlichen Verschlechterungen. Expositionen gegenüber bronchialen Reizstoffen sowie Kälte, Nässe und Zugluft sind unbedingt zu vermeiden.« Mir machte es sehr zu schaffen, dass es mit meiner Gesundheit bergab ging, und am Arbeitsplatz interessierte das niemand. Keiner konnte mir helfen und so wurde ich wieder krank.

Bis zur Gerichtsverhandlung würden noch über zehn Monate vergehen. Kurz vorm Wochenende dann – ich wäre danach wieder arbeitsfähig gewesen – hatte ich die außerordentliche, fristlose Kündigung im Briefkasten, mit dem

Hinweis, mich sofort bei der Agentur für Arbeit zu melden, um eventuellen finanziellen Schaden zu vermeiden.

Na endlich, das war von denen doch schon lange geplant! Mich interessierte, mit welchen Argumenten sie die Einwilligung vom Integrationsamt erreicht hatten. Es waren die üblichen Lügen, anders kann ich mir das nicht vorstellen. Zumindest hätte man mich auch anhören müssen.

Ich meldete mich gleich bei der Agentur für Arbeit und die erste Frage der Mitarbeiterin war: »Diebstahl?« Ich saß da und mir schossen sofort die Tränen in die Augen – auch gerade jetzt wieder, während ich dies schreibe. Ich heulte und konnte gar nicht mehr aufhören. Ich merkte, wie angegriffen ich schon war, denn ich fühlte mich sofort sehr elend.

Als ich verneinte, war die Dame sehr aufgebracht über meine Kündigung und ich erfuhr, dass man von der Agentur zwölf Praktikantinnen oder Praktikanten beantragt hatte, die höchstmögliche Anzahl – und ich hatte die Kündigung bekommen. Diese Praktikanten kosteten die Firma gar nichts, und das ganze drei Monate lang.

Ich errechnete die Ersparnis bei zwölf Personen für diese drei Monate im Vergleich zu meinem Gehalt und kam auf runde 56 000 Euro. Dann überlegte ich: Sollte das die Geschäftstaktik der Firma Gral GmbH SB-Warenhaus sein, die dreihundertvierzig Filialen in Deutschland unterhält? Ich rechnete weiter: 56 000 Euro mal 340 ist gleich 19 040 000 Euro in drei Monaten, mal vier für ein ganzes Jahr ergibt 76 160 000 Euro.

Ich will hier niemandem etwas unterstellen, aber darüber nachzudenken muss erlaubt sein. Und diese Summe ist es allemal wert, durchgerechnet zu werden. Geht es hier um Steuergelder? Gedanken sind frei.

Bei meinem nächsten Termin in der Agentur für Arbeit fragte ich noch mal nach und ein anderer Mitarbeiter bestätigte die Anfrage der Firma, sagte aber, sie hätten dieses Spiel schnell durchschaut und unterbunden, denn Geschäftsleiter Spierl hatte alle Personen nach den drei Monaten mit fadenscheinigen Ausreden wieder entlassen. »Fadenscheinig« war genau der richtige Ausdruck. Er bekomme nur noch eine oder zwei Praktikantinnen. Für das Verhalten mir gegenüber gehöre ihm eigentlich überhaupt niemand mehr geschickt. Wie viele Monate die Firma von diesem System profitiert hatte, wollte ich gar nicht so genau wissen, denn was konnte ich schließlich dagegen tun? Ich erkannte aber, dass hier ungerechtfertigt reichlich Steuergelder fließen.

Hier zeigt sich doch sehr stark eine große Ungerechtigkeit. Einem Hartz-IV-Empfänger, der man leicht werden kann, bleibt nur ganz wenig und den Firmen wird das Geld zugeschustert. Das alles geschieht mit der Zustimmung von Betriebsrat Fröhlich, der sich eigentlich für die Arbeitsplätze einsetzen müsste.

Meine Anwältin hatte Klage gegen diese Kündigung eingereicht und musste auch gegen das Integrationsamt klagen. Das waren nun schon drei Klagen, die einzeln verrechnet wurden. Ich habe eine Rechtsschutzversicherung mit Eigenanteil. Mit dem Rechtsschutz hatte ich auch so ein Glück! Ich saß an Kasse eins und kassierte fleißig, denn da ist immer was los. Eine Stammkundin, die mich schon lange vermisst hatte, erzählte mir, ihr Mann habe von seiner Firma per SMS die Kündigung bekommen und sie hätten dagegen geklagt, mit Rechtsschutz sei es ja kein Problem. Die Firma hatte die Wahl, ihn wieder einzustellen oder eine hohe Abfindung zu zahlen. Am selben Tag bekam ich von einem anderen

Kunden eine ähnliche Geschichte erzählt, es ging um die Firma, in der seine Frau gearbeitet hatte und die Konkurs ging. Auch sie klagten mithilfe ihrer Rechtsschutzversicherung. Als ich zu Hause darüber nachdachte, erkannte ich die beiden Geschichten als Hinweis für mich, endlich eine Rechtsschutzversicherung abzuschließen, denn ich würde sie brauchen. Das tat ich dann auch.

Man kennt sich ja mit den ganzen Gesetzen und Regeln selbst nicht aus. Ohne Anwalt geht gar nichts.

Das Gericht entschied, diese Klage zusammen mit der ersten Klage am gleichen Termin zu verhandeln. Wie gesagt, bis dahin war noch eine lange Zeit. Ich hatte auch nicht gewusst, dass es ein Prozessrechtsarbeitsverhältnis gibt, das man eingehen muss, um seine Rechte nicht zu verlieren. Das hieß für mich, ich musste wieder zur Arbeit, trotz aller Schikanen und Manipulationen. Keiner kann sich vorstellen, wie ich mich fühlte und welche Angst ich hatte. Von diesen ganzen Regeln, durch welche die Firmen meiner Meinung nach nur Vorteile haben, hatte ich vorher keine Ahnung. Den Vorteil für die Firma sehe ich darin, dass es bei der miesen Behandlung in den letzten Jahren gut möglich gewesen wäre, dass ich aufgabe. Und schon hätten sie erreicht, was sie wollten, und dazu noch ganz billig.

Einige Zeit zuvor hatte ich irgendwann das Gefühl, ich sollte mir einen anderen Spind nehmen. Dieses Gefühl kam aus heiterem Himmel. Ich brachte ein Sicherheitsschloss von zu Hause mit und wechselte zu einem Spind, den ich damit verschließen konnte. Das machte ich, ohne jemand davon in Kenntnis zu setzen. Bisher hatte ich einen Spind, für dessen Schlüssel ich eine Unterschrift im Personalbüro hinterlegt hatte. Ich fühlte mich damit nicht mehr sicher. Wie recht ich hatte, das zu tun, zeigte mir der Anruf einer Kollegin, während ich im Krankenstand war. Sie erzählte mir, man habe auf allen Schränken Aufkleber angebracht, sodass die Türen nicht zu öffnen waren. Darauf stand, es hätte sich jeder sofort im Personalbüro zu melden, um festzustellen, wem welcher Spind gehört.

Wieder habe ich meinen Schutzengeln zu danken, denn mein Gefühl war goldrichtig. Ich musste an die Worte des Rechtsanwaltes denken, der gesagt hatte, ich bräuchte keine Angst zu haben, ich sei denen doch immer einige Schritte voraus. Es scheint tatsächlich zu stimmen.

Ich erfuhr auch von einer Kollegin, die ein paar Tage im Getränkemarkt arbeitete und dann nicht mehr wollte. Sie musste dann auch nicht mehr dorthin. Eine andere sagte: »Wer nicht spurt, wird weggemobbt.« So erging es auch der oft lange kranken Teamleiterin Frau Tischler. Es ist allen bekannt, hauptsächlich in der Kassenabteilung.

Betriebsrat Fröhlich selbst hatte mir von einer Kollegin erzählt, die den ganzen Spind voller Waren gehabt habe. Er habe ihr helfen wollen, aber als sie dann die Waren im Spind gesehen hätten, habe er nichts mehr tun können. Bei einem späteren Telefonat mit dieser Kollegin erfuhr ich von ihr, dass alles vom Vertreter geschenkte Proben waren, die sie annehmen durfte. Es war ihr vor Jahren vom damaligen Geschäftsleiter erlaubt worden. Also kein Diebstahl, nur wieder Lügen! Keiner hatte die ganzen Jahre etwas dagegen gehabt. Ich denke, sie war dem neuen Geschäftsleiter als Fachkraft einfach zu teuer und mit fünfzig Jahren zu alt. Sie war Diabetikerin und hatte ein Stückchen abgeschriebene Schokolade aus dem Lager genommen, weil sie einen Zuckerschock hatte. Sie ging vor das Arbeitsgericht und der Betriebsrat

Fröhlich wusste auf einmal von gar nichts mehr. Dort hat sie eine Abfindung erreicht, die sie bei wirklichem Diebstahl bestimmt nicht bekommen hätte.

Das meine ich mit den zweierlei Geschichten, die erzählt werden. Betriebsrat Fröhlich war auch derjenige, der ihr die Kündigungen ins Haus brachte. Sie hat drei verschiedene Kündigungen bekommen und zwei davon brachte Herr Fröhlich persönlich. Ich hatte keine Ahnung, dass das sein Job war. Diese Kollegin wurde entlassen wegen einer abgeschriebenen Schokolade und Herr Fröhlich darf abgeschriebene Waren mit Erlaubnis des Geschäftsleiters Spierl am Flohmarkt verkaufen – wie kann das sein?

Seit meiner Kündigung waren einige Wochen vergangen. Ich stand in diesem Prozessrechtsarbeitsverhältnis und es war Sommer. Ich hatte früher in Gesprächen angeboten, im Sommer würde ich es im Getränkemarkt probieren, aber das akzeptierte damals niemand. Nachdem ich diesen befristeten Prozessarbeitsvertrag hatte und wieder dort arbeiten musste, dachte ich mir: Geh in den Getränkemarkt, dort hast du deine Ruhe. Mit all dem Wissen, was ich hatte (auch die Praktikanten wollte man vor mir geheim halten), sollte ich außer Reichweite sein. Im Getränkemarkt war es zugig und kalt, obwohl draußen 24 bis 25 Grad herrschten. Es gibt nicht einmal ein Öfchen für die Füße in der Kasse.

Zufällig dachte ich im Kassenbüro irgendwann an den verlorenen Gutschein und fragte die Teamleiterin Manger, ob dieser wieder aufgetaucht sei. Sie sagte, wenn ja, dann sei er in einem speziellen Ordner abgeheftet, der schon oben im Büro liege, denn es waren ja schon einige Monate vergangen. Sie werde sich diesen aber geben lassen und wir könnten dann nachschauen. Am nächsten

Tag sahen wir im Ordner nach. Er war nicht da. Dann fragte ich nach dem großen Geldbetrag, der mir zwei Tage später angeblich gefehlt hatte. Sie schaute im Computer nach und wir stellten fest, dass ich an diesem Tag eine »oo Kasse« hatte, wie es so schön heißt. Da ich in meinem Tagebuch die Differenzen aufschrieb, konnte ich mich nicht mit den Tagen vertan haben. So stimmte also, was ich vermutet hatte: Man wollte mich ärgern und schlechtmachen. Ist das strafbar? Mir wurden Fehler untergejubelt, die es gar nicht gab, und noch dazu bekam ich falsche Informationen.

Eines Tages sagte eine Kollegin vom Getränkemarkt zu mir, ich solle um 15.30 Uhr Pause machen und danach gleich in die Kassenzone rüber, es seien viele krank und ich würde da gebraucht. Das wunderte mich. Wieso ausgerechnet ich, die man da eigentlich nicht wollte? Mein Gefühl riet mir, wachsam zu sein. Um sechzehn Uhr trat ich dort an. Ich gab mein Geld in den Schub und wurde von der Kassenaufsicht Uppinger der Kasse sieben zugewiesen. Es war nicht sehr viel Betrieb und ich wunderte mich, weshalb ich überhaupt hier war, noch dazu an einer Kasse, die fast nie besetzt wird, außer es ist sehr viel zu tun. Es musste einen Grund geben, weshalb man mich herübergeholt hatte, und ich war vorsichtig und aufmerksam mit allem, was ich tat.

Nach kurzer Zeit stellte ich fest, dass die Vizechefin Mogler Aufsicht machte, was ich auch eigenartig fand. Die Kasse piepte zweimal hintereinander, also aus dem üblichen Rhythmus, was sogar der Kundin sofort auffiel. Die Kundin sagte: »Jetzt kassieren Sie etwas zweimal.«

Ich erwiderte: »Das lässt sich schnell klären.« Ich nutzte die Möglichkeit, einen Zwischenbon auszudrucken, und sah, dass die Summe der Waren über dreihundert Euro ausmachte, was niemals stimmen konnte. Beim näheren Hinschauen entdeckte ich zwei Positionen mit Frischfleisch, obwohl die Kundin nur einmal Frischfleisch mit rund neun Euro hatte. Die andere Position hatte eine Summe von 331,31 Euro auf dem Zwischenbon.

Wie konnte das sein, dass beim Scannen eines Artikels automatisch dieselbe Ware noch einmal mit einer sehr hohen Summe registriert wurde? Ich dachte sofort an Manipulation und war mir auch total sicher, dass man mich deshalb an diese Kasse gesetzt hatte. Von alleine geht so etwas nicht und es würde zu all den anderen Schikanen vorher passen. Die Kassenaufsicht Uppinger war in Pause, Vizechefin Mogler, die rotsieht, wenn sie meinen Namen hört, machte Aufsicht. Sehr fragwürdig, das Ganze. Und wieder vielen Dank an meine Schutzengel, die sehr viel zu tun haben, um mich zu beschützen! Ich rief Frau Mogler herbei, sagte ihr, was passiert war, und beobachtete sie genau. Sie kam mir etwas nervös vor, das konnte auch daran liegen, weil ich sie gerufen hatte. Sie sagte: »Machen Sie einen Gesamtstorno.«

»Ich kann das nicht«, sagte ich und gab ihr die Tastatur. Sie unterschrieb den Ausdruck, den ich bei der Abrechnung am Feierabend mit abgeben musste. Nun musste ich die gesamte Ware der Kundin noch einmal scannen und wie es der Teufel will, ging dann alles normal.

Ganz am Anfang meiner Zeit an der Kasse hatte mir Teamleiterin Manger auf meine Frage einmal gesagt: »Ja, man kann ins Kassensystem, während gearbeitet wird, man darf es aber nicht.«

Dieser Betrag hätte in der Frischfleischabteilung auch irgendwo auftauchen müssen. Früher gab es an den Kassen zwei Rollen, die eine war für die Kassenzettel der Kunden, die andere war als Nachweis gedacht und musste mindestens zehn Jahre aufbewahrt werden. Heute geht es per Computer.

Frau Mogler stellte keine einzige Frage über die hohe Summe und wie das passieren konnte. Sie verlor kein einziges Wort darüber. Warum geschah das ausgerechnet, als sie Aufsicht hatte, denn normalerweise arbeitete sie oben im ersten Stock in ihrem Büro? Warum holte man ausgerechnet mich rüber in die Kassenzone, obwohl man mich doch weit weg haben wollte? Es stellten sich mir so viele Fragen. Für mich wurde die Sache immer klarer, je mehr ich darüber nachdachte: Wieder ein neuer Angriff gegen mich. Ich glaubte mittlerweile, die würden sich sogar strafbar machen, um mich loszuwerden. Es traute sich ja soundso keiner, etwas dagegen zu unternehmen.

Gleich darauf war dann die Aufsicht Uppinger wieder da und hatte auch sofort den Auftrag, mich aus der Kasse zu holen. Ich wurde in den Vorhof versetzt. Die Kollegin Scheider, die mich dazu ablöste, musste ihre Kasse schließen, obwohl in den hinteren Reihen immer mehr Betrieb war als an meiner Kasse. Sie sagte, das verstehe sie nun überhaupt nicht, denn diese Kasse wurde normalerweise sehr selten besetzt. Ich musste wieder an meine guten Schutzengel denken. Zu diesem Zeitpunkt waren Geschäftsleiter Spierl und Betriebsrat Fröhlich in Urlaub. Hatte Frau Mogler versucht, mich los zu sein, bis sie wiederkamen? Würde sie belohnt, wenn sie es geschafft hätte? Viele Fragen gingen mir durch den Kopf.

Da ich vom Getränkemarkt kam und meine Sachen in einer Tüte dabeihatte, musste ich diese mit in den Vorhof nehmen. Vizechefin Mogler musste mich beobachtet haben und schickte mir die Aufsicht Uppinger hinterher. Ich sollte gefälligst unterlassen, Tüten mit an die Kasse zu nehmen, bevor man mich noch eines Diebstahls bezichtigte. Ich hielt Frau Uppinger meine Tüte hin und erklärte, warum ich sie dabeihatte und dass man mich jederzeit kontrollieren könne. Ich hatte einen Schirm drin, es hatte geregnet, ein Getränk mit Kassenzettel vom Getränkemarkt und frisch geschnittenes Obst in einer Plastikdose von zu Hause.

Das alles schien Frau Uppinger sehr unangenehm zu sein, was mir ihr Verhalten zeigte. Auf meine Frage, warum Vizechefin Mogler nicht selber kam, zuckte sie nur die Schultern. Das sagte mir, dass sie verärgert sein musste, denn sonst ist sie gern diejenige, die Rügen verteilt. Es war nichts los, ich wurde herübergeholt, dann geschah etwas eigentlich Unmögliches an der Kasse und sogleich wurde ich in den Vorhof geschickt – und das alles innerhalb von knapp zwei Stunden. Da soll mir mal einer sagen, dass ich falsch liege mit meinen Vermutungen.

Später ärgerte ich mich, dass ich den Zwischenbon weggeworfen hatte. Ich schaute zwar am nächsten Tag noch mal an der Kasse nach, aber der Eimer war geleert. An diesem Tag im Getränkemarkt fragte ich beiläufig eine Kollegin, was denn mit den Gesamtstornos passiere. Sie sagte, die müssten abgeheftet und über Jahre hinweg aufbewahrt werden.

Das bestätigte mir die Teamleiterin Manger später auf meine Frage hin noch einmal. Das sei sehr wichtig und sie schaute extra nach, ob der Gesamtstorno von diesem Tag auch wirklich abgeheftet war. Er war es und im Computer konnte man auch die Summe sehen, allerdings ohne Artikelbezeichnung. Sie sagte, mir hätte dieses Geld bei der Abrechnung gefehlt und man hätte einfach nur die fehlende Summe am Computer gesehen. Da fiel mir diese Teamleiterin ein, die wegen Unterschlagung vor Gericht stand. War es bei ihr genauso gewesen? Hatte der Zwischenbon bei mir dies etwa verhindert?

Ich fragte Frau Manger, wie so etwas passieren könne, und bekam als Antwort: »Die Technik spinnt ab und zu.«

Diese Antwort war so lächerlich und ich wollte und konnte sie so nicht akzeptieren, denn nun war ein Punkt erreicht, der mir sagte, wie skrupellos hier gearbeitet wurde. Ich hatte wieder einmal Glück gehabt und war meinen Engeln erneut unheimlich dankbar.

Meine Anwältin erklärte mir, ich hätte das Recht, zu erfahren, was da passiert sei. Auch die Erklärung, die Technik spinnt, sei absurd, aber sie könne nicht einfach so Unterlagen verlangen und einsehen. Wie konnte ich hier mein Recht vertreten, außer noch einmal Klage einzureichen? Nun war die Mobbingklage notwendig, die eigentlich schon lange fällig war und nur mit Prozesskostenhilfe möglich ist, was mir nicht unbedingt gefällt. Ich sah keine andere Möglichkeit mehr. Die Anwältin legte mir ans Herz, niemals etwas zu unterschreiben, egal was es war. Sollte man mich dazu zwingen wollen, zum Beispiel durch Festhalten im Büro, solle ich einfach ausharren und dann zusätzlich wegen Freiheitsberaubung klagen und dazu natürlich sie anrufen.

Etwas anderes scheint es für uns kleine Leute und Einzelpersonen nicht zu geben. Das hörte sich doch erst mal ganz gut an und ich erarbeitete mein Tagebuch, indem ich meine Kalendereintragungen in Stichworten in Tagebuchformat umsetzte.

Im Getränkemarkt war es weiterhin zugig und recht frisch. Ich hatte meine Ruhe und die Kolleginnen und Kollegen waren sehr nett. Pausen gab es regelmäßig, auf die Toilette zu gehen war kein Problem und ab und zu konnte ich raus auf den Parkplatz, um frische Luft zu schnappen. Einfach herrlich, aber der Herbst kam mit großen Schritten und ich machte mir Sorgen, wie es weitergehen würde.

Bei den Betriebsratswahlen im April war nun doch der Betriebsrat Fröhlich auch Betriebsratsvorstand geworden, obwohl ihn keiner gewählt haben will. Ich nehme an, dass deshalb die Teamleiterin Manger von da an außen vor war und die Entscheidungen nur noch von »den Dreien« gefällt wurden, wie sie es nannte.

Ich hatte damals eine Beobachtung gemacht, bei der mir mein treues Gefühl vermittelte, dass etwas nicht stimmte. Die Wahlen waren für zwei Tage angesetzt, Freitag und Samstag. Ich war an diesem Freitag zu Spätschicht in der Sportabteilung eingeteilt, die gleich am Eingang lag. Im Vorhof arbeitete eine junge Verkäuferin, die hier im Markt gelernt hatte und manchmal an der Kasse eingesetzt wurde. Ich hörte sie öfter nach Herrn Fröhlich rufen. Dieser wollte nicht reagieren, aber sie ließ nicht locker. »Wie steht es bei der Wahl, haben schon viele gewählt?«, fragte sie ihn.

Er antwortete nicht, doch sie gab nicht auf und er wurde schneeweiß im Gesicht. Ich dachte, wieso diese Gesichtsfarbe und dieser Gesichtsausdruck, als ob er sagen wollte: Du bist mir lästig. Ein Fotohandy hätte ein klasse Bild gegeben. Er hatte einen Hubwagen mit einer Palette darauf, auf der einige Blumenübertöpfe ineinander gestapelt waren. Ich hatte wieder mein komisches Gefühl, traute mich aber nicht, diese Töpfe hochzunehmen. Heute, während ich über alles schreibe, denke ich: Hätte ich es doch mal gemacht! Er sagte dann, so etwa achtzig Prozent der Mitarbeiter dürften wohl schon gewählt haben.

Ich hatte in der Zeit, als die Liste aushing, um sich zur

Wahl aufstellen zu lassen, meinen ersten Arbeitstag und ich sah, dass die letzte Spalte noch frei war. Spaßeshalber trug ich mich ein und wusste zugleich, dass ich keine Chance hatte. Egal, dachte ich, damit die Liste voll ist, und lachte vor mich hin, als ich mir die Gesichter vorstellte, wenn sie meinen Namen auf dieser Liste sahen, der dort garantiert nicht erwünscht war. Das brachte mir sechs Monate Kündigungsschutz, woran ich zu diesem Zeitpunkt nicht einmal gedacht hatte. Es war noch vor der außerordentlichen, fristlosen Kündigung.

In meiner Situation wurde ich übervorsichtig und sah vielleicht manchmal in allem etwas mehr, als war. Aber besser so, als gar nichts zu registrieren. Man müsste mir eben plausible Erklärungen geben, die ich glauben könnte. Diese bekam ich ja leider nicht, denn die gab es auch nicht.

Als es Anfang des Jahres auf die Wahlen zuging, rief ich Herrn Leim von der Beratungsstelle an und wollte wissen, ob die damalige Aussage, sie würden als Beobachter dabei sein, damit ein gescheiter Betriebsrat drankommt, noch gelte. Er sagte genau das, was ich mir schon damals gedacht hatte: Frau Watzmann, die zuständige Dame von der Gewerkschaft, hätte keine Zeit, sie habe sehr viel zu tun. Sie kennt die Verhältnisse in unserer Filiale, weiß, dass ein engagierter Betriebsrat nötig ist – und hat keine Zeit! Ich bin froh, dass ich den Mitgliedsbeitrag dort spare.

Als ich kurze Zeit nach meinem Eintrag wieder an der Pinnwand vorbeikam, war die Liste weg. Man ärgerte sich bestimmt, dass man nicht früher daran gedacht hatte, sie abzunehmen. Diese Vorstellung machte mir Spaß. Da ich mich von einem Bekannten, der selbst Betriebsrat war, schon vor der ersten Wahl hatte aufklären lassen, wie diese vor sich zu gehen hat, stellte ich fest, dass man sich nicht an die Regeln hielt. Es gab damals einige Punkte, die ich hätte kritisieren können, hätte dazu aber drei Kolleginnen oder Kollegen gebraucht. Das wollte ich dann doch nicht machen.

Auch bei dieser Wahl erklärte jeder, er hätte Herrn Fröhlich nicht gewählt. Das war glaubhaft, denn alle waren sehr unzufrieden mit ihm. Er tat sehr wenig oder bei vielen gar nichts. Bei einer Betriebsversammlung schimpfte der neue Betriebsratsvorstand Fröhlich dann über die Kassenabteilung, die an allem schuld war, am Umsatz, an den Beschwerden der Kunden, an der Inventur, wenn sie nicht stimmte ... Die Teamleiterin Manger hatte gewusst, dass er das tun würde, sie ging vorher von Tisch zu Tisch und mahnte alle, sich das nicht gefallen zu lassen. Sie verlangte also, dass man sich in den Krieg zwischen den beiden einmischte, doch das tat keiner.

Ich habe erst später richtig begriffen, dass er sich so verhielt, um der Teamleiterin Manger zu zeigen, wer jetzt das Sagen hatte. Es gab so viel Streit, Neid und Machtspiele untereinander, ich glaube, da dachte keiner mehr an das Geschäftsinteresse. Herr Fröhlich hängte am nächsten Tag einen Brief an die Pinnwand, in dem er erklärte, weshalb er diese scharfen Worte benutzte. Davon wollte ich eine Kopie, die ich von Teamleiterin Manger über eine Kollegin im Getränkemarkt ausgehändigt bekam. Ich solle aber niemandem sagen, woher ich sie habe. In diesem Brief hieß es, er »musste so hart reagieren und sehe es als meine Pflicht, als Betriebsrat auf Dinge hinzuweisen, die Ihnen als Mitarbeiter schaden. Es geht um jeden Arbeitsplatz und um diese zu erhalten, muss es mir erlaubt sein, den Finger in die Wunde zu legen. Ich will niemandem etwas erzählen, was ich nicht halten kann, aber ich will, dass jeder seinen Arbeitsplatz behält.«

Meine Kündigung hatte er aber während seines Urlaubs in meinen Briefkasten geworfen. Er kam extra in die Firma, um die Kündigung auszufahren. Ist das für einen Betriebsrat normal? Das war so verlogen, denn zu diesem Zeitpunkt hatte ich die Kündigung schon bekommen und der Geschäftsleiter Spierl hatte die zwölf Praktikanten angefordert. Das wusste auch Herr Fröhlich, da bin ich mir sicher. Es wäre interessant zu wissen, wie viele Mitarbeiter zu diesem Zeitpunkt noch gehen mussten, denn die Arbeit der Praktikanten gab es ja umsonst.

Heute ist mir das egal. Er ist freigestellter Betriebsratsvorstand, das heißt, er hat keinen festen Arbeitsplatz, und mit einem Hubwagen hatte ich ihn zuvor noch nie gesehen. Eine Zeitlang füllte er mal die Zigaretten auf, aber das machte ihm wohl keinen Spaß, denn das wurde dann auch von der Kassenabteilung übernommen und Frau Füller, die ja so fleißig die Mitarbeiter ausspionierte, durfte diese Arbeit ausführen.

Nachdem es nun wieder kälter wurde, sagte ich im Kassenbüro, dass man mich jetzt wieder in der Kassenzone einsetzen sollte. Die Teamleiterin Manger konnte dies nicht mehr bestimmen, wie sie sagte, wollte meinen Wunsch aber weiterleiten. Man setzte mich ein paar Tage lang im Vorhof ein, da war es genauso kalt, denn die Eingangstür war defekt. Als ich dann im Plan sah, dass ich wieder in den Getränkemarkt sollte, rief ich meine Anwältin an, um zu erfahren, was ich dagegen tun könnte. Ich hatte neue Atteste vom Lungenfacharzt und vom Hausarzt vorgelegt, aber das nutzte alles nichts.

Auch die Kollegin Finger vom Getränkemarkt jammerte über die niedrigen Temperaturen dort und war froh, als endlich die Heizung angemacht wurde. Die wurde aber nach kurzer Zeit wieder ausgemacht, lief also nur etappenweise. Ich stand dabei, als sie es einer Kollegin erzählte. Auch diese Kollegin beschwerte sich über die Kälte im Vorhof.

Meine Anwältin rief mich zurück, sie habe mit dem Geschäftsleiter Spierl gesprochen und ich müsse nicht in den Getränkemarkt, das solle ich der Teamleiterin Manger ausrichten. Sie werde es auch noch mal schriftlich schicken. So ging ich dann guten Mutes zur Arbeit. Leider wurde meine Zuversicht bald zunichte gemacht, denn Herr Spierl sagte gleich, er hätte dem nie zu gestimmt, es wäre gelogen. Die Teamleiterin Manger fühlte sich nun als Schuldige, warum auch immer. Sie war sauer und ließ mich gerade deshalb in der Kassenzone arbeiten. Am nächsten Tag war sie nicht da und ich war wieder im Getränkemarkt eingeteilt.

Daraufhin sprach ich den Geschäftsleiter selbst an und frage ihn, warum er unbedingt meiner Gesundheit schaden wolle. Bei der Arbeit im Vorhof hatte ich mir schon wieder einen Schnupfen geholt. Er zuckte nur mit den Schultern. Er hätte schon genug Rücksicht auf mich genommen und außerdem gefalle ihm nicht, dass ich meine Anwältin eingeschaltet habe. Als ich sagte, dass andere bei achtzehn Grad auch frieren, meinte er, das liege im eigenen Ermessen.

Alle, die dort arbeiten, frieren, nur diejenigen, die nicht rüber müssen, behaupten, es wäre nicht kalt oder zugig. Im Vorhof war die Eingangstür kaputt und gegen Abend war es auch da bitterkalt gewesen. Ich glaube mittlerweile felsenfest, dass man mich extra überall dort einsetzte, wo es mir schadete. Es war bekannt, dass ich Kälte und Zugluft meiden sollte, aber das störte hier niemand. Da nutzte auch die warme Kleidung nichts, die man mir immer wieder empfahl.

So arbeitete ich wieder im Getränkemarkt, mit entsprechender Kleidung, und war doch sehr traurig, wie man hier mit mir umsprang.

Ich marschierte auch regelmäßig mit dem ganzen Wechselgeld alleine über den Parkplatz, was nicht erlaubt war. Nie konnte jedoch ein Mitarbeiter frei gemacht werden, um mich zu begleiten. Nach mehrmaligem Nachfragen hatte ich irgendwann aufgegeben. Eigentlich wäre das ein Grund gewesen, im Kassenbüro zu bleiben, bis sich jemand fand, der mit mir über den Parkplatz ging. Hätte das dann auch als Arbeitsverweigerung gegolten? Aber ich wollte nicht noch mehr Probleme bekommen und ging allein. Dagegen sagte keiner etwas.

Vizechefin Mogler hatte an den Kassen Plexiglasscheiben anbringen lassen, was aber völlig sinnlos war, es war trotzdem kalt. Dann war auch noch der Windfang kaputt. Dieser hatte doch wenigstens ein bisschen vor der Kälte und der Zugluft geschützt. Angeblich war für die Reparatur eine spezielle Firma zuständig und da der Termin für die regelmäßige Wartung sowieso bald sein sollte, wollte man bis dahin warten. Ich fragte den Kollegen im Getränkemarkt, wann das sein würde, aber er wusste es nicht genau und meinte, es könne noch dauern.

Hier also der Windfang kaputt, drüben die Eingangstür kaputt – und ich wurde genau an diesen Stellen eingesetzt. Bei dieser Kälte konnte man nicht auf dem Stuhl sitzen bleiben. Wenn niemand an der Kasse war, stand man auf und bewegte sich. Ich war mir sicher, man wollte mir absichtlich schaden, auch deshalb strengte ich die zusätzliche Mobbingklage an. Der Betriebsrat Fröhlich hat angeblich die Temperaturen immer gemessen, aber die stimmten mit den Temperaturen, die ich mir täglich aus dem Internet notiert habe, nicht überein.

An dem Tag, als der Brief meiner Anwältin bei Geschäftsleiter Spierl ankam, wurden alle Mitarbeiter vom Getränkemarkt zu Vizechefin Mogler ins Büro gerufen und dort gegen mich aufgehetzt. Eine von ihnen erzählte mir, sie hätte zu Frau Mogler gesagt, man könne mich wegen meiner Krankheit nicht mit ihr vergleichen. Sie meinte, sie arbeite schon über zwanzig Jahre im Getränkemarkt und kenne es nicht anders, sie würde auch nicht tauschen wollen.

Die Kollegin Finger nahm die Sache aber sehr ernst und holte mich am nächsten Tag aus der Kasse in den Aufenthaltsraum. Dort schrie sie mich an: »Was glauben Sie, wer Sie sind, uns in Ihre Angelegenheiten reinzuziehen? Wenn Sie Probleme mit denen da drüben haben, dann lösen Sie die gefälligst selbst und bringen uns nicht mit ins Spiel. Sie sind eine linke Bazille und ich werde es allen erzählen, damit keiner mehr mit Ihnen redet. Immerhin arbeite ich hier schon über zwanzig Jahre, die kennen mich hier alle länger als Sie, und das wird seine Wirkung haben.« Sie ergänzte, sie habe auch einen Anwalt, der mir große Probleme machen würde, sollte sie wegen mir vor Gericht müssen.

Ich verstand nicht so recht, was sie für ein Problem hatte, denn ich hatte von den Kollegen allgemein gesprochen und keinen einzigen Namen genannt. Ich sagte nur, sie habe sich mit dieser Aktion selbst ins Spiel gebracht. Frau Finger führte tatsächlich mit den Kolleginnen und Kollegen im Getränkemarkt Gespräche über mich und ging danach rüber in den Markt, um dort das Gleiche zu tun, so wie sie es angekündigt hatte. Das habe ich nach Feierabend erzählt bekommen. Ich hatte mich in all den Jahren nicht in ihr getäuscht. Sie hätte eigentlich froh sein müssen, dass ich in die Kassenzone wollte, denn sie war auch schon dort eingesetzt worden und saß dann heulend, wirklich heulend in der Kasse, bis man sie doch wieder in den Getränkemarkt schickte.

Das Getue von Frau Finger war dann zu viel für mich, ich musste zum Arzt, denn das war ein wirkungsvoller Rückschlag. Die Teamleiterin Manger hatte ja auch schon hinter meinem Rücken über mich geredet, da hat jedoch keiner so reagiert wie diese Kollegin. Mein Gefühl, was diese Frau Finger anbetraf, war also richtig. Diese Reaktion übertraf alles.

Dass man jemanden so aufhetzen kann, hätte ich nie gedacht. Ich frage mich, mit welchen Mitteln das in diesem Maß geschehen konnte. Keine zehn Pferde konnten mich zwingen, dort wieder hinzugehen. Ich baute nun einfach auf die Gerichtsverhandlung und wollte mich seelisch wieder auf Vordermann bringen. Es war sehr schwer, denn alle diese Machtspiele, Manipulationen und auch das Verhalten des Integrationsamtes hatten mich am Boden zerstört.

Herr Gossmann vom Integrationsamt muss den ganzen Lügen aufgesessen sein. Die Lügen über die Temperaturen, die Herr Fröhlich gemessen haben will, konnte ich widerlegen, denn ich habe eine ganze Liste der Temperaturen des Monats Mai, der sehr kalt war. Er hatte angegeben, es hätte zwischen 20 und 24 Grad in der Kasse im Getränkemarkt gehabt. Für den gleichen Zeitraum hatte ich 15, 12, 14, 9, 16, 13, 11 … Grad im Freien notiert. An dem Tag, als ich 9 Grad verzeichnet hatte, war meine Arbeitszeit von neun Uhr bis fünfzehn Uhr. Wie konnte es da 20 bis 24 Grad warm sein, wenn es keine Heizung gibt? Man muss sich auch fragen, wer warme Getränke kaufen würde? Da keine Heizung angemacht wird oder nur ganz kurz, und ansonsten nur dieses Gebläse, welches nicht wärmt, waren die Angaben von Herrn Fröhlich absichtlich falsch.

Auch die Aussage des Herrn Spierl, ich wäre ohne Mitteilung einfach zu spät gekommen, kann ich widerlegen mithilfe meiner Handyrechnung. Seine Behauptung, ich sei nicht zur Spätschicht erschienen, ohne mich zu melden, ist ebenfalls falsch, denn ich hatte schon vor acht Uhr früh mit Frau Scheider telefoniert, auch das zeigt meine Telefonrechnung. Ich glaube auch nicht, dass der Betriebsarzt Dr. Wolz den Arbeitsplatz im Getränkemarkt als warm bestätigt hat, wie von beiden angegeben.

Es ist außerdem nicht wahr, dass mein Hausarzt dem medizinischen Dienst meine Arbeitsunfähigkeit bestätigt hätte, weshalb die Firma Gral GmbH SB-Warenhaus mir unterstellt, meinem Hausarzt falsche Angaben zu machen. Meine Anwältin hat sich deshalb selbst noch einmal bei diesem gemeldet. Ich wurde verdächtigt, krankheitsbedingte Arbeitsunfähigkeit vorzutäuschen und mir Entgeltfortzahlungen zu erschleichen. Gleich zu Anfang meines Urlaubs hatte ich eine Stirnhöhlenentzündung, verbunden mit starken Kopfschmerzen, bekommen und mir Medikamente aus der Apotheke (mit Beleg) besorgt. Ich versuchte die Sache selbst auszukurieren, denn ich wollte nicht krankgeschrieben werden. Erst als man nach meiner Arbeitsaufnahme keine Rücksicht genommen hatte, sah ich mich gezwungen, zum Arzt zu gehen. Man hatte auch geschrieben, ich verweigere seit 2004 die Arbeit. Ich nehme an, es war ein Schreibfehler, denn das würde nun überhaupt nicht stimmen.

Der Satz: »Mit heutigem Tage haben wir beim örtlichen Betriebsrat und der Schwerbehindertenvertretung (Betriebsrat sowie Schwerbehindertenvertretung wurden angehört) die Anhörung zur Kündigung eingeleitet«, klingt natürlich glaubwürdig, weil es so aussieht, als ob zwei verschiedene Personen beteiligt gewesen wären. Es ist aber nur eine Person, und das ist Herr Fröhlich. Die abschließende Stellungnahme brachte mich doch zum Lachen, denn die machtbesessene Frau Mogler hat so groß unterschrieben und der Geschäftsleiter Spierl so klein und mickrig, dass mir klar wurde, wer tatsächlich und hauptsächlich hinter dieser Kündigung steckt und auch das Kommando hat.

Ich glaube, Herr Gossmann wusste nicht einmal über die Art meiner Krankheit und Schwerbehinderung Bescheid. Beim Telefonat mit meiner Anwältin hatte er gesagt, er habe der Kündigung zugestimmt, weil er in dem Getränkemarkt Stammkunde sei und den Arbeitsplatz als passend empfinde. In den ganzen Monaten, die ich im Getränkemarkt gearbeitet habe, hatte ich diesen Herrn Gossmann nicht ein einziges Mal gesehen.

Daraufhin kopierte ich aus meinem Ärztebuch die Seiten über diese Krankheit und brachte sie zum Termin im Integrationsamt mit. Das gefiel dem Geschäftsleiter Spierl gar nicht und er sagte sofort, das interessiere hier niemanden, obwohl er gar nicht angesprochen war. Von der Firma Gral GmbH SB-Warenhaus war aus der Personalabteilung eine Frau zu diesem Termin gekommen, die bisher wahrscheinlich nur Lügen gehört hatte. Sie wurde meiner Meinung nach immer stiller, als sie meine Erklärungen zu den ganzen Geschichten vernahm. Sie hatte am Anfang des Gesprächs, als meine Anwältin sprach, zu dieser gesagt: »Kann Frau Stahl nicht selber reden?«

Ich sagte: »Oh doch, das kann ich« und fing an, die ganzen Lügengeschichten zu widerlegen, worauf meine Anwältin zu Geschäftsleiter Spierl und Betriebsrat Fröhlich sagte: »Da schwimmen nun Ihre Felle davon.«

Die Behauptung, man habe viel Rücksicht auf meinen Gesundheitszustand genommen, stimmte ja auch nicht. Ich konnte sehr viele Lügen aufdecken, was auch Herrn Gossmann vom Integrationsamt zu denken geben musste. Von Rücksichtnahme keine Spur, denn es gab Kolleginnen, die gerne in den Getränkemarkt gingen, und genügend andere, die noch nie dort waren, also hatte man keinen Grund, ausgerechnet mich dort einzusetzen. Atteste kosten Geld, und warum sollte ich mir diese besorgen, wenn ich nicht auf diese Rücksichtnahme angewiesen wäre?

Den Vergleich beim Gütetermin vor dem Arbeitsgericht habe ich abgelehnt, denn das war mir für die ganzen Jahre zu wenig.

Einen Absatz des Schreibens vom Integrationsamt, nachdem der zweite Antrag auf Kündigung erfolgt und abgelehnt worden war, will ich hier zitieren. Wer dies liest, wird sich genau wie ich die Frage stellen: Wie soll das gehen?

»Die schwerbehinderte Arbeitnehmerin hat jedoch nicht nur alles zu unterlassen, was ihren Gesundheitszustand und ihr Arbeitsverhältnis erneut gefährden könnte, sie muss auch durch positives Handeln dazu beitragen, ihre Arbeitsfähigkeit, ihren Leistungswillen und ihre Leistungsbereitschaft zu fördern und zu festigen und Störungen des Betriebsfriedens zu vermeiden.«

Zu diesem Betriebsfrieden kann ich Folgendes sagen: Die Kolleginnen, deren Unmut laut Geschäftsleitung angeblich wächst, zu denen ich aber ein sehr gutes (von der Geschäftsleitung unerwünschtes) Verhältnis habe, geben mir recht, auf meine Gesundheit zu achten. Sie würden das genauso tun. Wie kann ich meiner Gesundheit nicht schaden, wenn ich ansonsten wegen Arbeitsverweigerung gekündigt bekomme? Und umgekehrt schade ich meiner Gesundheit und bin noch öfter krank. Wie soll das gehen?

Angeblich muss man im Getränkemarkt nichts Schweres heben, ebenso wie in der Kassenzone, was auch nicht stimmt, denn man hat da genauso zu kontrollieren, ob was zwischen den Kisten liegt, und die sind schwer. Es gab sogar Schulungen deshalb. Es wurde extra alles falsch ausgelegt.

Sollte es irgendjemanden geben, der gegen meine Darstellung etwas zu sagen hat, stehe ich jederzeit zur Verfügung. Ich sehe diesen Bericht als Befreiung aus meinem seelischen Gefängnis und sage hier ausdrücklich: Die Firma Gral GmbH SB-Warenhaus ist diesen Lügen auf den Leim gegangen und deshalb nur indirekt mit schuld. Aber man hätte mich über die Tatsachen befragen müssen. Nur weil ich wegen meiner Gesundheit besorgt bin, bekam ich die Kündigung.

Frau Oppt wollte, dass ich mich krankschreiben lasse, obwohl ich es nicht war, und jetzt verdächtigte mich die Firma Gral GmbH SB-Warenhaus, krankheitsbedingte Arbeitsunfähigkeit vorzutäuschen – was man vorher von mir verlangte. Diese Aussage von Frau Oppt hat Herr Fröhlich beim Integrationsamt bestätigt und gesagt, es sei ein Fehler von mir gewesen, es nicht zu tun. Die sind beide wirklich fehl am Platz und schaden der Firma, genauso wie der Geschäftsleiter Spierl. Wenn Herr Fröhlich ordnungsgemäß angehört worden wäre, hätte er seine Zustimmung nicht geben dürfen, deshalb liegt auch keine Zustimmung von ihm vor. Oft ist nicht die Firma schuld an derartigen Missständen, sondern einzelne Mitarbeiter, die damit die Firmen schädigen.

Die Kündigung wurde aus formalen Gründen für unwirksam erklärt, aber nie zurückgenommen, und sie werden sie auch nicht zurücknehmen. Was bedeutet das? Das alles ist ganz schön kompliziert und für einen normalen Menschen nicht verständlich. Meine Anwältin schrieb, es ist ersichtlich, dass die Firma Gral GmbH SB-Warenhaus nicht davor zurückschreckt, Unwahrheiten zu verbreiten, nur damit sie die Zustimmung zu einer außerordentlichen Kündigung bekommt. Bei der Gerichtsverhandlung redete Betriebsrat Fröhlich am meisten und erzählte, wie wunderbar er selbst und die Gesamtschwerbehindertenvertrauensperson Oppt sich um mich bemüht hätten, doch ich verhalte mich nicht entsprechend dankbar. Er stritt auch ab, dass das Wort »asozial« jemals gefallen sei. Nach noch mehr Lügen platzte mir der Kragen und ich warf ihm vor, seine Schweigepflicht verletzt zu haben, was ja auch stimmte. Das hätte ich nicht tun sollen, denn darin sah der Richter, dass der Fall nicht mehr gütlich zu kitten ist und schlug deshalb den Vergleich vor. Meine Anwältin hatte mir vorher gesagt, ich solle ruhig bleiben, was mir aber bei dieser ganzen Lügerei nicht länger möglich war. Das war natürlich ein gefundenes Fressen für den Anwalt der Gegenseite.

Ich bin der Meinung, dass jeder, der nicht hilft, diese Maßnahmen unterstützt. Darüber sollte man gründlich nachdenken. Während meiner langen Krankenphase und als man die Wiedereingliederung ablehnte, suchte ich überall Hilfe. Ich hatte im Fernsehen einen Film gesehen, der über derartige Maßnahmen, z. B. vorgetäuschter Diebstahl und Ähnliches, berichtete. Eine Frau war wegen Diebstahls entlassen worden und wurde bei einem Selbstmordversuch gerade noch rechtzeitig gefunden. Daraufhin schrieb ich eine E-Mail an die ARD, ich wollte mit dem Filmemacher in Kontakt kommen. Leider bekam ich nie eine Antwort. Ich versuchte es an anderen Stellen weiter, zum Beispiel bei der Sendung »Bizz« von Pro 7, auch von dort bekam ich keine Antwort. Ich meldete mich bei »Die Bildzeitung hilft« und die Dame sagte mir am Telefon, wenn das Thema für interessant befunden wird, werde sich in den nächsten zwei Wochen jemand bei mir melden. Es meldete sich niemand.

Ich machte in dieser Zeit auch noch einmal einen Termin bei der von der Gewerkschaft Beauftragten des Mobbingtelefons, denn ich wollte wissen, wie man reagiert, wenn ich kein Mitglied mehr bin. Die Frau kam vierzig Minuten zu spät zum Termin und nachdem ich einiges erzählt hatte, erfuhr ich, jetzt könne nur noch das Arbeitsgericht entscheiden, um dann auch gleich noch zu hören, sie habe jetzt keine Zeit mehr zum Reden. Da war ich froh, dass ich gekündigt hatte und für diesen Verein kein Geld mehr bezahlte.

Über das Erlebte schweigen und andere in dieselbe Falle tappen lassen, das kann nicht der richtige Weg sein. Zuletzt schrieb ich dann noch einen fünf Seiten langen Brief an den bayerischen Ministerpräsidenten, auch von dort kam keine Rückmeldung, nicht einmal ein »zur Kenntnis genommen«. Nach der Wahl konnte ich meine Schadenfreude nicht verbergen, denn es zeigte sich endlich, dass die Bürger aufwachen.

Ticken die Uhren in Bayern wirklich anders als zum Beispiel in Thüringen, wie mir meine Anwältin sagte? In Thüringen sähe sie in meiner Angelegenheit kein Problem. Die Hand, die einen füttert, beißt man nicht, sagt ein Sprichwort. Doch muss man sich deshalb alles gefallen lassen? Das kann nicht sein. Was die Kündigung anging, agierte die Firma Gral GmbH SB-Warenhaus sehr widersprüchlich, als wüssten sie nicht, was sie tun.

Trotz meiner häufig schwierigen Situation im Privatleben war ich nie deprimiert oder mutlos, aber diese Geschehnisse haben meine Seele zum Verzweifeln gebracht. Die angeblich nicht vorliegenden Einsatzbeschränkungen gab es doch, zumal ich die Rehabilitation nicht wegen der Arthrose gemacht hatte.

Ich hatte erfahren, dass man einen Metzger aus der Fleischabteilung, der lange krank gewesen war, auch nicht mehr beschäftigen wollte und seine drei Wiedereingliederungsanträge ablehnte, worauf er vors Arbeitsgericht ging. Er musste wieder eingestellt werden. Auch das war ein Grund für mich, keine weitere Wiedereingliederung zu versuchen.

Meine Kinder wollten, dass ich diesen Vergleich annehme, denn sie wollten endlich einen Schussstrich unter diese ganzen Jahre ziehen. Und auch ich hatte Angst, ich müsste unter diesen Umständen wieder dort arbeiten, was mein Gesundheitszustand zu diesem Zeitpunkt nicht erlaubte. Heute, wieder stabiler und selbstbewusster, denke ich oft, es ist schade, dass meine Gesundheit nicht zuließ, diese Machenschaften zu unterbinden. Ich freue mich deshalb sehr auf dieses Buch, weil ich hoffe, dass meinen Mitmenschen damit geholfen wird.

Nachdem ich den Vergleich vom Arbeitsgericht mit der Abfindung angenommen hatte, musste die Firma Gral GmbH SB-Warenhaus angemahnt werden, damit sie mir mein Geld schickte, obwohl sie den Vergleich sehr schnell angenommen hatte. Man verrechnete danach alles mit Steuerklasse eins, weil die Steuerkarte dieses Jahres fehlte. Es machte sich jedoch keiner die Mühe, mich das wissen zu lassen. Also hatte ich auch hier wieder Stress mit der Firma. Ich stellte fest, dass man die Zeit, in der ich Arbeitslosengeld bekommen habe, nicht mitgerechnet hatte, und fragte bei der zuständigen Bearbeiterin, Frau Schnarchberg, nach. Sie sagte: »Da haben Sie nicht gearbeitet, deshalb auch kein Geld.« Von dem Vergleich wisse sie nichts. Da wusste ich, dass ich dranbleiben musste, damit ich nicht später irgendwann draufzahlte.

Die erneute außerordentliche, fristlose Kündigung mit dem gleichen Sachverhalt wie bei der ersten Kündigung musste wegen der Zwei-Wochen-Frist abgelehnt werden. Ich hatte seit der ersten Kündigung nicht mehr gearbeitet und dementsprechend konnte mein Verhalten keine Gründe zur Kündigung liefern. Auch zwei Monate später hatte man mir noch keine Kündigungsgründe mitgeteilt, trotz mehrmaliger Aufforderung der Anwältin. Bei der mündlichen Verhandlung vor dem Arbeitsgericht war sich die Anwältin der Firma Gral GmbH SB-Warenhaus auf die Frage des Richters hin nicht sicher, auf welchen wichtigen Grund sich die außerordentliche Kündigung stützen sollte. Nach längerem Überlegen meinte sie dann lapidar, ich soll eine Krankheit vorgetäuscht haben. Es war ersichtlich, dass die außerordentliche Kündigung willkürlich erfolgte, ohne dass Tatsachen vorlagen, die diese rechtfertigten. Seit Beginn meiner Tätigkeit bei dieser Firma hatte es noch nie Gründe für irgendwelche Beanstandungen gegeben. Da ich viele Lügen aufdecken konnte, überwogen meine Interessen, meinen Arbeitsplatz zu erhalten. Als Bewerberin für die Betriebsratswahl hatte ich »Sonderkündigungsschutz im Nachwirkzeitraum von sechs Monaten«. Dieser Ausdruck stammt aus dem Schriftverkehr zwischen meiner Anwältin, dem Integrationsamt, dem Arbeitsgericht und der Firma Gral SB-Warenhaus GmbH. Dies soll deutlich machen, wie undurchsichtig – zumindest für mich – manches war.

Irgendwann nachdem ich mich wieder einigermaßen erholt hatte und meine Unterlagen durchschaute, erinnerte ich mich an das Telefongespräch mit Frau Schnarchberg. Beim Durchlesen der Bescheide der Agentur für Arbeit stellte ich fest, dass das von dort bezogene Geld zurückgezahlt werden musste. Ich dachte, ich sollte mich da mal melden, denn im Vergleich des Arbeitsgerichts stand, die mir noch zustehenden Entgeltzahlungen seien abzurechnen und der Nettobetrag an mich auszuzahlen. Das bedeutete, die Firma musste das Geld, welches ich wegen der außerordentlichen, fristlosen Kündigung, die bei Gericht keinen Bestand gehabt hätte, von der Agentur für Arbeit bekommen habe, an diese zurückzahlen. Ich rief dort an und fragte, ob dies schon geschehen sei, denn ich wollte nicht irgendwann zum Bezahlen aufgefordert werden. Die Dame schaute in den Unterlagen nach und sagte nein. Sie werde die Firma anschreiben und das Geld verlangen.

Tage später bekam ich Post von der Agentur für Arbeit mit einer Zahlungsaufforderung über die Summe, die man mir damals ausbezahlt hatte. Ich konnte es nicht glauben. Ich rief die Dame dort an und fragte nach dem Grund. Es zeigte sich, dass die Firma Gral GmbH SB-Warenhaus ganz lapidar an die Agentur für Arbeit geschrieben hatte, sie hätten mir dieses Geld schon mit der Abfindung überwiesen und ich würde es nun schulden. Sie nannten sogar das Überweisungsdatum. Es war unglaublich hinterhältig, mich auf diese Weise schlecht zu reden und so bei der Agentur für Arbeit als Betrügerin hinstellen zu wollen. Zumal ich ja bei der Firma eben wegen dieses Geldes angerufen hatte und mir gesagt wurde: »Keine Arbeit, kein Geld.«

Ich ging wieder zur Anwältin und die Angelegenheit klärte sich dann so, dass auch ich noch Geld für diese

Zeit bekam, denn das Arbeitslosengeld ist nicht so hoch wie der Lohn. Das freute mich dann sehr. Hätten sie einfach an die Agentur für Arbeit bezahlt, hätte ich an meinen Anteil vielleicht gar nicht mehr gedacht. Danke, meine lieben Schutzengel! Die Firma übernahm auch die Kosten für die Anwältin.

Herr Baumann, der Personalleiter der Firma Gral GmbH SB-Warenhaus, bezeichnete es lediglich als einen Fehler, der da passiert sei. Das machte mich doch sehr sauer, worauf ich ihm einen Brief mit einigen meiner Erlebnisse in dieser Filiale der Firma schrieb und die Frage stellte, ob das auch lediglich Fehler gewesen seien. Ich bekam leider nie eine Antwort. Und weil man sich mir gegenüber so unverschämt benahm, habe ich dieses Buch über meine Erlebnisse und Erfahrungen in dieser ganzen Zeit geschrieben.

Meine Krankenkasse weigerte sich, mir Krankengeld zu bezahlen, die Agentur für Arbeit fühlte sich nicht zuständig für die Zeit bis zur Gerichtsverhandlung und so saß ich insgesamt gut vier Monate ohne Geld da. Gott sei Dank hatte ich meine Kinder, die mich in dieser Zeit sehr unterstützten. Es war ein fürchterliches Hin und Her und Auf und Ab. Meine Gefühle fuhren Achterbahn.

Die Krankenkasse sagte, wenn ich den Vergleich mit diesem Datum annehme, würde mir kein Krankengeld bezahlt, daraufhin musste der Vergleich dann noch zwei Mal geändert werden. Und meine Anwältin schrieb mir, wenn ich den Vergleich überhaupt annehme, kann es sein, dass ich von der Agentur für Arbeit eine Sperre bekomme, denn dadurch würde ich meinen Arbeitsplatz freiwillig räumen. Wäre ich gesundheitlich dazu in der Lage gewesen, hätte ich den Vergleich gar nicht angenommen, aber ich hatte panische Angst, dann bis zur Mobbingverhandlung wieder dort arbeiten zu müssen.

Als ich nach all dem Hin und Her dann mein Zeugnis von der Firma Gral GmbH SB-Warenhaus anforderte, stellte ich zu meinem heutigen Vergnügen fest, dass es schon monatelang vorbereitet war. Es trug das Datum des Tages, ab dem man mir wieder hätte kündigen können, also nach den sechs Monaten Sonderkündigungsschutz wegen meiner Wahlaufstellung zum Betriebsrat. Es war von dort alles schon vorbereitet, um mich loszuwerden.

Nun suche ich einen neuen Arbeitsplatz und hoffe, es wird mir nicht schwer gemacht aufgrund der Auseinandersetzung vor dem Arbeitsgericht und wegen dieses Buches. Ich suche einen Arbeitsplatz, wo »MITEINANDER« noch großgeschrieben wird.

Es gibt nun mal überall schwarze Schafe und die verstecken sich dann meistens hinter der Firma, überhaupt bei so großen Unternehmen wie der Gral GmbH SB-Warenhaus. Das sollte in Zukunft verhindert werden. Schade finde ich, dass ich diese Menschen durch geänderte Namen auch noch schützen muss.

Ich bin der Meinung, diese Krise wurde insbesondere durch die Umstellung auf den Euro und auch durch Hartz IV vorprogrammiert. Die einen konnten die Preise anheben, wie sie wollten, und den Hartz-IV-Empfängern nahm man jede Möglichkeit, ein anständiges Leben zu führen.

Millionen Menschen werden am Arbeitsplatz gemobbt, aber auch in der Nachbarschaft und ganz extrem in den Schulen. Ein Gesetz zum Schutz vor Mobbing ist dringend nötig.

Ich lebe nun von Hartz IV und falle mit jedem Monat in ein größeres Loch, obwohl ich alles versuche, um das zu verhindern. Ich bin schuldlos arbeitslos. Sonderzahlungen stehen mir nicht zu, die gibt es nur zur Grundsicherung. Ich gehöre nicht zu den Berechtigten, weil ich arbeiten kann. Mein jüngster Sohn, der noch seinen Beruf lernt, muss alle Einkünfte genau angeben. Vom Weihnachtsgeld bis zum Urlaubsgeld wird mir alles angerechnet, mir bleibt nicht einmal die Grundsicherung von 351 Euro übrig.

Ich kann nur bitten, liebe Politiker, spannen Sie einen besseren Schutzschirm über uns normale Bürger auf!

»Kein Ziel ist so hoch, dass es unwürdige Methoden rechtfertigt.«

Albert Einstein

.